湛庐 CHEERS

与最聪明的人共同进化

HERE COMES EVERYBODY

社群的进化

How Many Friends Does One Person Need?

[英] 罗宾·邓巴 著 Robin Dunbar
李慧中 译

四川人民出版社

罗宾·邓巴

▼牛津大学进化人类学教授

▼『邓巴数』的提出者

▼高产的畅销书作家

▸ 牛津大学 进化人类学教授

罗宾·邓巴 1947 年出生于一个工程师家庭，少年时的他对哲学及心理学产生了浓厚的兴趣，后来在牛津大学莫德林学院获得了哲学及心理学学士学位。1974 年，他又获得了布里斯托大学心理学博士学位，研究课题为“狮尾狒（gelada）的社会组织”。

2007 年至今，邓巴在牛津大学担任认知及进化人类学学院院长一职。在牛津大学，他探究了行为、认知和神经内分泌机制之间的关系，希望通过了解这些机制在人际关系中所起的作用，将其用于指导人们更好地应对自己周遭的各类关系，帮助他们克服社交生活中的种种障碍。

1998 年，邓巴当选英国科学院院士。他还曾是英国科学院百年纪念项目“从露西到语言：社会脑的考古学研究”的联合主任。2014 年，邓巴获得英国皇家人类学会授予的“赫胥黎纪念奖章”，这也是英国皇家人类学会的最高荣誉。

▸ “邓巴数”的提出者

20 世纪 90 年代，罗宾·邓巴经研究发现，灵长类动物的大脑尺寸与其平均的社会群体规模之间存在相关性。通过大量的实验及观察，邓巴提出，人类个体所能维系的稳定关系数量在 150 左右——人们知道其中的每个人是谁，与这些人保持着一定频率的社会联系，也了解每个人与其他人的关系如何。这个数字又被命名为“邓巴数”。

邓巴数理论被认为是很多社交网络服务及人力资源管理理论的基础。许多互联网从业者，尤其是对社交网络有研究的人，都极力推崇这一概念。微信创始人张小龙就曾公开表示，微信群中的很多功能都是根据这一理论设置的，如群人数在 40 人以内时，可以直接加入，而大于 40 人时就必须得到对方的同意，而大于 100 人时无法通过识别群二维码来入群，这些都是为了保证微信群成员之间相互熟识，实现沟通效率的最大化。

尤瓦尔·赫拉利和 Facebook 公司内部的社会学家卡梅伦·马洛（Cameron Marlow）也都曾表示，邓巴数为他们的研究及社交网络的建构提供了理论基础。了解邓巴数背后更深层次的人类学、心理学及社会学背景，将有助于我们更好地应对互联互通的未来社会。

▸ 高产的畅销书作家

邓巴教授的作品被媒体誉为“带着最新研究和新成果的热气”“强劲有力且发人深省”。他的《梳毛、八卦及语言的进化》被畅销书作家马尔科姆·格拉德威尔（Malcolm Gladwell）奉为“大众科学的神作”。年逾古稀的他仍然保持着很高的写作热情。

时隔 20 多年，高速发展的互联网表面上似乎颠覆了人类的社交行为，却没有超越邓巴教授的诸多精彩论述。在《最好的亲密关系》一书中，邓巴提出，互联网虽然提供了新的社交方式，但并没有改变社交的本质。人类本质上而言是一种关系的动物，只有深入理解这一点，我们才能在纷繁复杂的现代社会里过上幸福、自足的生活。《社群的进化》指出，人类社交生活的开展主要受限于大脑新皮层的面积，自人类祖先从非洲一路走来，人类大脑就处于不断增大的进程中，而我们的社群生活也随之发生了各种神奇的变化。

在《大局观从何而来》一书中，邓巴更是提出，我们可以运用处理小规模社群的经验来应对无限连接的互联网社会，充分发掘个人魅力，在社交生活中掌握传播、连接的主动权。而《人类的算法》一书则算得上是邓巴对自己多年的人类学研究的一次总结，人类之所以能够在漫长的进化史上留下诸多浓墨重彩、震古烁今的艺术印记，正是因为我们具有六大卓尔不群的非凡特质。

可以说，罗宾·邓巴在“深度理解社群”四部曲中为读者营造了一个充满趣味又富有指导性的知识体系，他将带领我们深入人类社群生活的腹地，探寻其中相互交织的种种奥秘！

社会脑的演化

汪丁丁

北京大学国家发展研究院教授

反复斟酌，我认为只能从 2016 年 10 月 4 日英国皇家学院的临床心理学家论坛第一主讲人的自我介绍开篇。这位主讲人，“Robin Dunbar”，首先需要有一个更优雅的中文姓名。在 2018 年春季学期北京大学我的“行为经济学”（本科生与研究生合班实验教学）课堂的第六周（参阅图 P-1），我详细介绍了他和他的牛津大学实验心理学团队发表于《行为脑研究》（*Behavioral Brain Research*）2018 年 2 月的一篇论文“The Structural and Functional Brain Networks That Support Human Social Networks”，这一标题，符合脑科学传统的翻译是：《支持人类社会网络行为的脑解剖结构与脑功能结构》。这篇论文的叙事风格是社会学或人类学的，非常不同于以往我在课堂上介绍的那些脑科学文献，根据我的印象，它应当是2012年以来在脑科学领域里迅速崛起的“脑联结组学”（human connectomics）张量弥散核磁共振成像技术（我通常译为“全脑拓扑成像技术”）用于研究人类互联网行为的第一篇论文。根据这篇研究报告，互联网社交行为可在30天内显著改变被试脑内参与社交的诸脑区之间的脑白质（而不是脑灰质）拓扑结构。注意，根据《神经科学手册》[1]（2004年），恒河猴的实验表明，脑的功能结构（脑灰质功能区）可在30天内显著改变[2]。但是脑的解剖结构的显著改变，必须借助于2012年开始实施的“全脑拓扑成像技术”才可检验。从著名的“邓巴限度”（又译“邓巴数”）到社交网络行为脑的研究（参阅图P-2），结论不变：在几百万年里演化形成的人类的灵长类心智，尚未获得超过邓巴限度的能力，在互联网时代，平均而言，这一限度大约在150～200人之间。（邓巴限度是指：“A measurement of the cognitive limit to the

[1] 参阅《神经科学手册》（*Neuroscience*）第4版第24章。

[2] 参阅我的《行为经济学讲义》第6讲图6-26。

number of individuals with whom any one person can maintain stable relationships.”我的翻译是：一个人与他的任何朋友之间维持稳定关系所需认知能力的限制而形成的朋友人数的上限。）邓巴限度对沉溺于社交网络的年轻人而言是解毒剂，为此，邓巴教授受邀在各地演讲，我也为此写了一篇长文《微信群规模与社会脑假说》[①]。我推测，一个人的姓名从统计上来看，可以显著地影响他的学说在社会记忆里能够被保存和传播的范围。有鉴于此，我决定为邓巴教授物色更为典雅的中文姓名。2019年2月7日（正月初三）风清月朗的黎明，我反复吟诵“Robin Dunbar”的时候，很可能与民国时期的翻译传统有关，“饶敦博”这个名字自然呈现于我的意识。我知道，这就是他应当有的中文姓名。当时正值寅时，这番议论，发表于我的“跨学科教育在北大和在东财”微信群。那儿的主要成员，我称为“九君子”，我常与他们探讨最初呈现在我意识中的构想。

① 见《腾云》杂志，2018年，第61期。

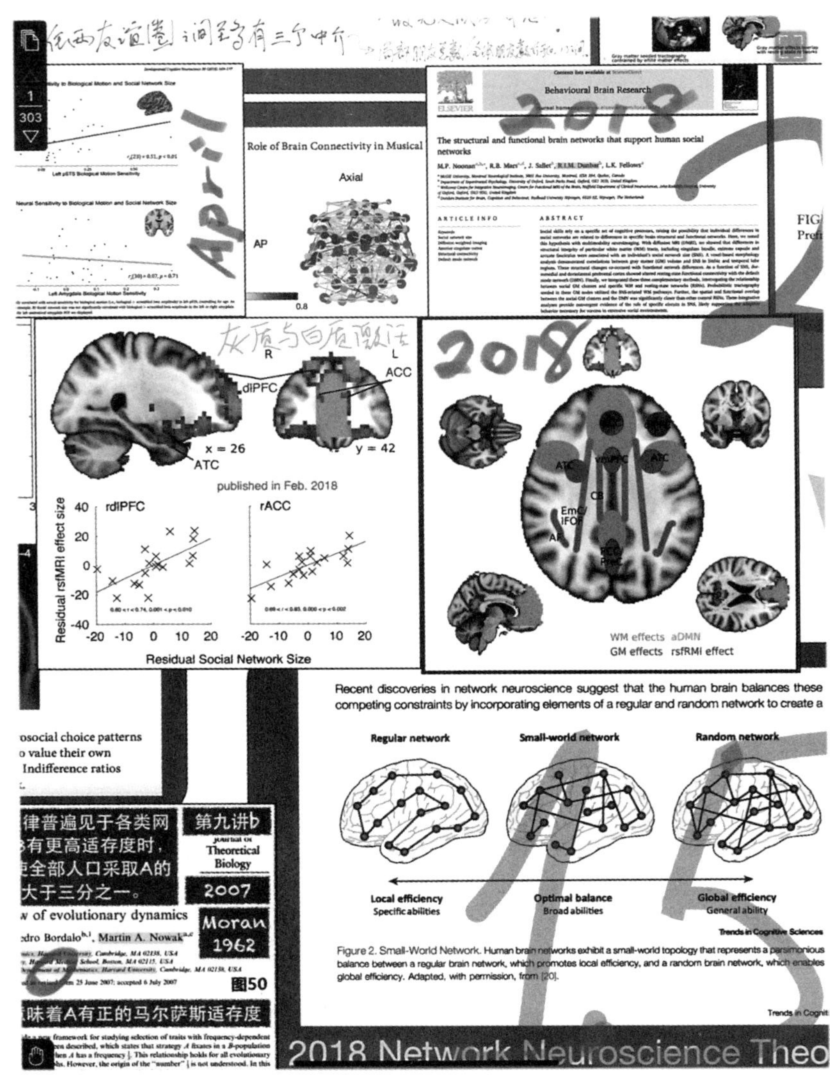

图 P-1 “行为经济学”课堂上所用的课件（局部）

资料来源：汪丁丁 2018 年春季学期北京大学课堂“行为经济学”局部课件示意图。

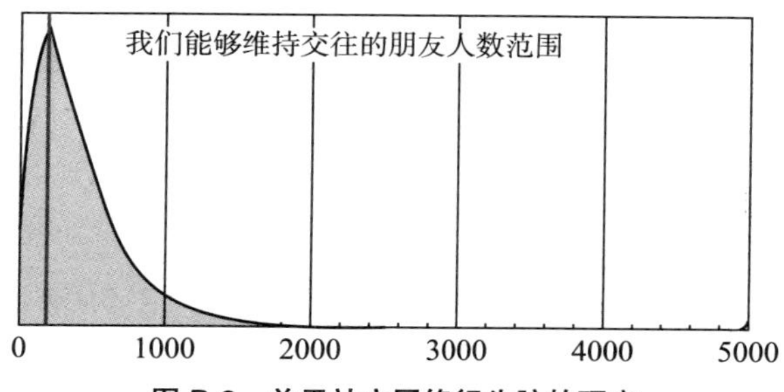

图 P-2　关于社交网络行为脑的研究

注：极少数的人能够维持 5000 人的社交。饶敦博解释说，那些活动主要是学术交往。

资料来源：罗宾·邓巴于 2016 年 11 月 8 日在 Fold7（Creative Agency of London，一家伦敦的创意机构）上的演说视频。

为饶敦博著作的中译本作序，可以十分简单，但不符合我的“思想史叙事”风格。凡我承诺作序，务求将原著作者嵌入他的著作由以形成的历史情境之内，以便呈现这一作者的学术与思想和特定历史情境内的学术与思想整体格局之间的关系。这是我长期以来坚持的“思想史叙事”风格，也是我认为最适合于批判性思考的叙事风格。2019 年 4 月 21 日，仍是寅时，我在 YouTube 见到开篇提及的饶敦博 2016 年 10 月 4 日为临床心理学家做的演讲视频，这次演讲的开场白恰好是他对自己毕生思路的简要介绍。他的这一番自我介绍，实在应当尽快被写入维基百科“Robin Dunbar”词条（这一词条的内容亟待改善）。

饶敦博的思维模式，根据他的自我介绍，从来就是跨学科的。他出生于 1947 年，容我补充注释：在人口学研究中，第二次世界大战之后出生的“代群”（这也是人口学术语）被称为“婴儿潮”（长期战乱后的人口生育率高潮）。资源稀缺，婴儿潮代群内，同龄人之间的竞争，从生到死的人生诸关键阶段，随着代群规模突然增加而突然激化。这是人口经济学的命题，它在中国转型期社会得到了格外丰富的经验支持。也许因为竞争激烈，也许因为斗转星移（根据星相学的预言），互联网时代的开创者们，现在被称为“极客”的这批怪才，大多属于这一“婴儿潮”代群。

言归主题，饶敦博出生于 1947 年，与父亲一样，他在古老的牛津大学读本科，而且与父亲一样，他读本科的学院，是这所千年名校的各学院当中财富排名最高的 Magdalen College[①]——这家学院“名人榜”里有奥斯卡·王尔德和埃尔温·薛定谔，还有我常引述的与卡尔·波普合写《自我及其脑》的神

① 通常被译作“莫德林学院”。——编者注

经生理学家约翰·卡鲁·埃克尔斯（因神经元“突触间隙”的研究获得1963年的诺贝尔生理学或医学奖）。在这所学院，他于1969年获得心理学与哲学双学士学位。然后他在布里斯托大学读心理学博士，1974年得到博士学位，论文主题是“狮尾狒的社会组织”。检索可知，狮尾狒仅见于埃塞俄比亚高原，因胸部呈红色又称为“流血的心”。此后，饶敦博开始了他自述的“每7年一次的轮回”，“游荡”于不同大学的心理学系、生物学系、人类学系，准确而言，他说，需要5年时间发现他其实不属于该领域，再需要2年时间寻找他喜欢去的下一个领域。我有同感，诸如饶敦博和布莱恩·阿瑟这样的跨学科人物，很难在大学严重官僚化了的系科管理体制内生存。从博士毕业到现在，饶敦博说，他正处于第三次轮回，下一个领域似乎是整合他自己积累的全部知识，于是意味着创设“演化社会学”。于是有了我这篇序言的最初标题。检索“演化社会学”，我只得到一篇关于英文著作《新进化社会学》的中文简介。又检索英文著作，得到4本书，最新的出版于2003年，是关于“利他主义与爱”的研究论文集，与饶敦博的学术脉络相关，但毕竟视野不够宽广。

在我自己移动硬盘里的“饶敦博”著作文件夹中，总共有39篇文献，涉及相当宽广的领域。综合而言，他的问题意识是“人类学”的，他的研究方法是“演化心理学”的，于是他的学术脉络可概括为“社会脑演化”思路。他为此写了两篇综述自己学术研究的文章，标题只有一字之差:《社会脑的演化》(Evolution of Social Brain)[①]和《社会脑内的演化》(Evolution in Social Brain)[②]。也因此，2014 年，他获得英国皇家人类学会的最高荣誉——赫胥黎纪念奖章。

饶敦博于 1994 年“游荡”到利物浦大学动物学系，并在那儿任教 7 年，头衔是“演化心理学教授”。在此期间之前的 7 年，1987—1994 年，他在伦敦大学学院。1988 年，他发表了博士论文之后的第一部专著《灵长类社会系统》。物竞天择，与参与资源竞争的物种（主要是“猫科”与“犬类”）相比，灵长类是“弱势”群体，由许多偶然因素促成[③]，它们成为“社会性哺乳动物”。这些弱小的猴子们不得不“抱团取暖”，并为群体生活支付相应的代价，例如，相互梳毛的时间。参阅我的《行为经济学讲义》关于“利他行为”和“间接互惠”的讨论，猴子挠背很难，故而它们的闲暇时间大量用于相互梳毛，甲给乙挠背，然后乙给甲挠背，所谓“互惠”。

① 参阅英国《皇家学会通讯》，2007 年，第 274 卷，第 2429–2436 页。

② 见《科学》杂志“社会认知”栏目，2007 年9月7日。

③ 参阅我的《行为社会科学基本问题》。第1版，上海人民出版社，2017年。

或者，甲给乙挠背，然后乙给甲信任的丙挠背，所谓“间接互惠”。灵长类的个体，相互之间信任关系的确立，很大程度上依赖于日常生活中用于相互梳毛的时间。如果“外敌”强大，则对抗敌人的群体规模就要足够大，于是用于相互梳毛的时间也随群体规模的增加而呈指数型的增加（参阅图 P-3）。如果群体成员总数是 *N*，则足够强烈的信任关系要求亲密朋友之间相互梳毛所需的时间与“2 的 *N* 次方”成正比。也是因为指数型增加的速度远高于算术型增加，在几百万年的演化中，人类社会仅在最近百多年才走出“马尔萨斯陷阱”。总之，这是饶敦博在《人类的故事》[①] 里讲述的因为“时间制约”而导致的“语言梳毛”现象。语言能力（它当然占用了很多脑区）极大扩展了群体规模，45 的 3 倍是 135，这就是最近几十万年人类社会的邓巴限度，中译本《社群的进化》，其实是饶敦博 1988 年这本《灵长类社会系统》的扩充版。

① 此处指“深度理解社群”四部曲中的《人类的算法》（*The Human Story*）这本书。——编者注

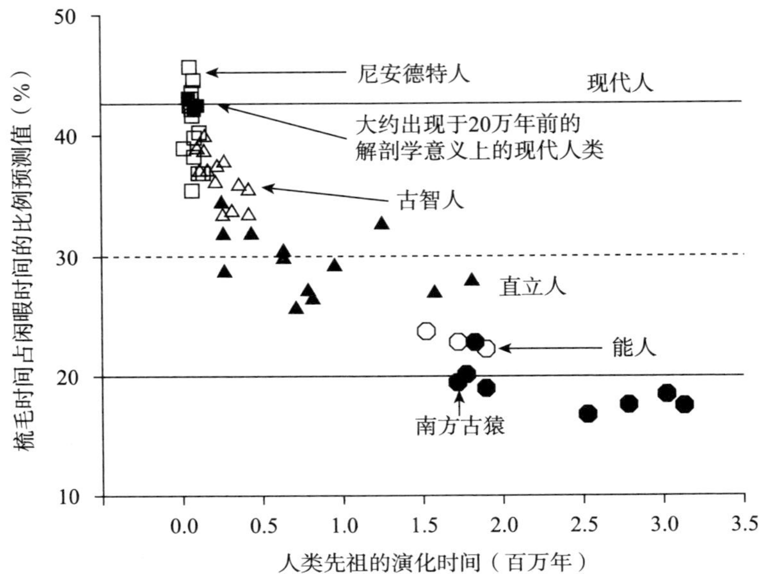

图 P-3　人类先祖梳毛时间占闲暇时间比例

注：尼安德特人和现代人类的这一比例都已超过 40%。直立人、能人以及部分南方古猿的这一比例在 20% ～ 30% 之间。晚近的 50 万年，大约在 35 万年前的古智人，这一比例是 35%。

资料来源：罗宾·邓巴：《社会脑：心智，语言，演化视角下的社会》(The Social Brain: mind, language, and society in evolutionary perspective)，选自《人类学年鉴》(*Annual Review of Anthropology*)，2003 年，第 32 卷，第 163–181 页。

饶敦博真正重要的学术贡献不是“邓巴限度”，而是这一限度的

“社会脑”解释。当然，为确立邓巴限度这一特征事实，饶敦博需要投入足够长期且艰苦的田野观察与数据分析。对社会脑的解释，最佳综述仍是上面引述的2007年9月7日《科学》杂志饶敦博的文章——《社会脑内的演化》，尤其是图P-4和图P-5。这里的图P-4表明，个体想象未来以及想象其他个体意图的能力（这是大脑前额叶新脑皮质的职能）受新脑皮质扩张幅度的制约。在这一制约下，最大的群体规模保持在40～60之间。用饶敦博的语言来说，特征数值是45，也就是15的3倍，而15是5的3倍。注意，这里出现的三个规模常量——5（家庭生活）、15（洞穴聚集）、45（社群规模），是社会脑在演化中能够支持的社会规模的3个关键常量。我在《行为经济学讲义》里讨论过，象群与人群是超越第三常量的少数已知物种（参阅图P-6）。饶敦博在2016年发表的一篇论文《说说这件事儿：闲聊人数是否受心智建模能力的制约？》（Something to Talk about: Are Conversation Sizes Constrained by Mental Modeling Abilities?）[①]。他在这篇文章

① 参阅《演化与人类行为》（*Evolution and Human Behavior*），2018年，第37卷，第423–428页。

里认为，参与面对面闲聊的人数通常不会超过4人，因为与人们在白天工作时段交换储存在各自长期记忆里的知识不同，闲聊（统计显示，闲聊内容的2/3是关于其他社会成员的“传闻逸事”）需要的脑区主要涉及短期记忆和工作记忆，但它要求参与者尽可能追随闲聊的全过程并想象其他参与者的意图，以便能及时且恰当应对。由于短期记忆与工作记忆不易追随和想象来自“四面八方”的发言与意图，如果闲聊的人数超过4个，就会有人放弃闲聊（例如“开小会”）。在一篇发表于2014年的论文里，饶敦博考证，火的使用（发生在大约距今160万～15万年之间这样漫长的时期内）与集体狩猎之后凑着篝火烹饪食物（社交餐饮），对强化群体成员之间的信任感至关重要。这篇论文是《围着篝火聊天是如何演化的》[①]。这篇短文的图1显示，为维持足够大的群体的成员之间足够高的信任感，平均每天，人类需要4个小时以上的闲聊，而“能人”只需要“1小时”的社交时间。仅当语言能力、食物与篝火三者都具备的时候，人类才可在夜幕降临之后有4

① 参阅《美国科学院通讯》，2014年，第111卷，第14013–14014页。

个小时的闲暇时间用于社交。在饶敦博的另外一本书《最好的亲密关系》中，他转述了我在《行为经济学讲义》里有更详细引述的脑科学家塔尼亚·辛格（Tania Singer）的情感脑研究，尤其是她关于信任感的实验。

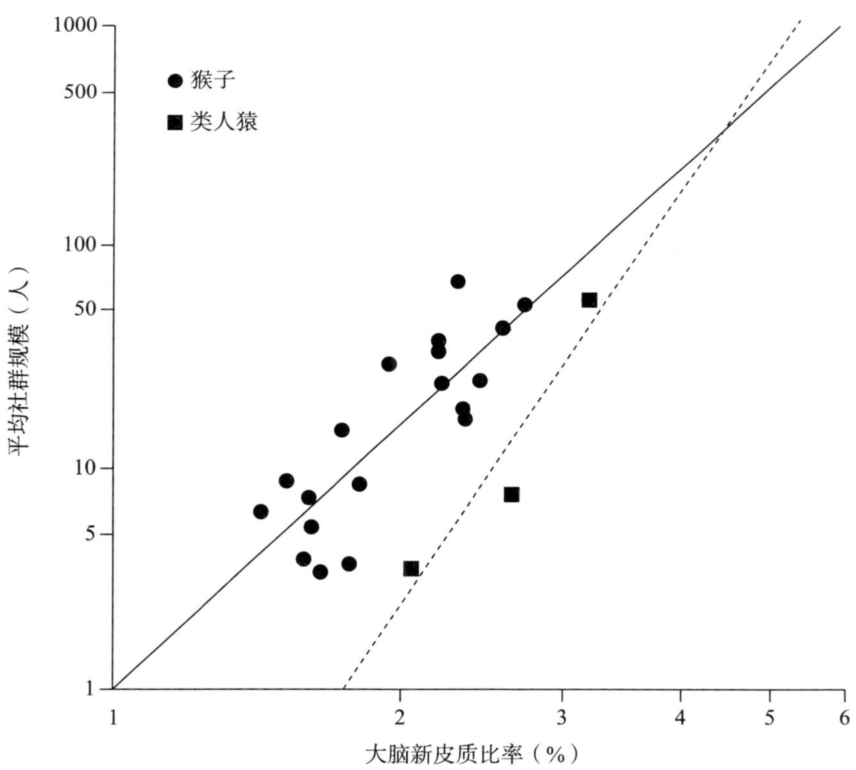

图 P-4 社群规模与大脑新皮质的关系

注：类人猿社会群体的平均规模随着“新脑指标”的上升而增加。此处，“新脑指标”由前额叶体积与大脑扣除前额叶之后其余脑区的总体积之比表示。

资料来源：《社会脑内的演化》，第 317卷，第 1344–1347 页，图 1。

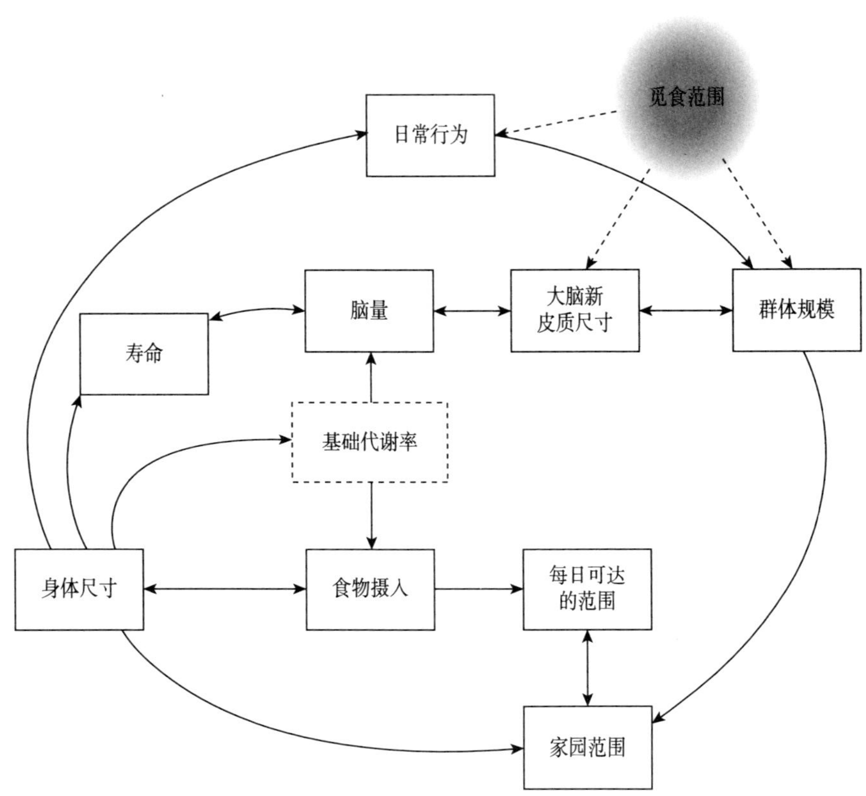

图 P-5　与灵长类脑量的演化相关的三大因素

注：与灵长类脑量的演化显著相关的三大因素：觅食范围、日常行为、大脑前额叶（新脑皮质）的尺寸。这三大因素更像是演化的制约条件，而不像是演化的驱动变量。这张图的核心部分是基础代谢率（BMR），第一，为维持必要的营养与代谢水平（首先由身体的尺寸决定）而必需的脑量，这一脑量与个体寿命（也受身体尺寸的影响）相互影响。第二，身体尺寸与食物摄入（由基础代谢水平决定）相互作用。第三，身体尺寸和食物摄入（通过每日可达的范围）决定了日常行为与觅食或家园的范围，而这一范围依赖于由信任度足够高的个体构成的群体的规模。新脑皮质（前额叶在最近 50 万年甚至最近 5 万年里扩张形成的部分）必须适应三方面的约束：第一，外在威胁；第二，群体规模；第三，脑容量允许的新脑皮质扩张幅度。

资料来源：《社会脑内的演化》，第 317卷，第 1344–1347 页，图 2。

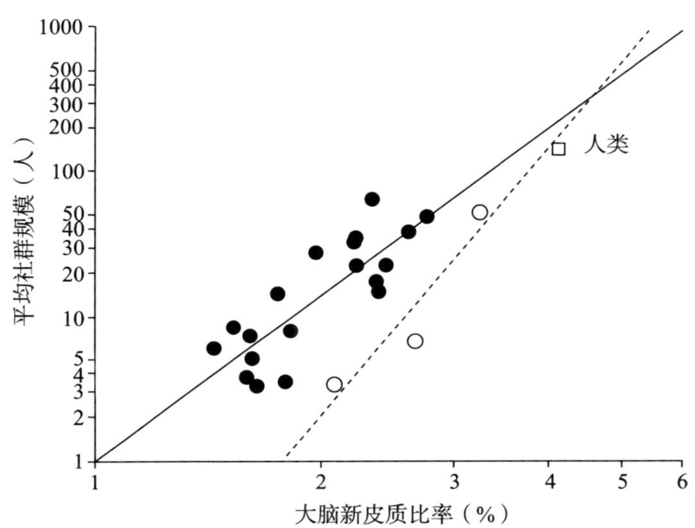

图 P-6 社群规模与大脑新皮质的关系

注：这张图选自饶敦博 2003 年发表于《人类学年鉴》的综述文章，与图 P-4 不同，这里出现了人类样本，群体规模的均值在 100 ～ 200 之间。

资料来源：汪丁丁：《行为经济学讲义》，上海人民出版社，2011 年。

上面介绍的饶敦博 1988 年的专著和 2007 年的两篇回顾文章，足以说明他长期以来的核心思路是“社会脑的演化”（机制、功能、个体发生学与群体发生学）。我为图 P-5 写的注释结论是，新脑皮质（前额叶在最近 50 万年甚至最近 5 万年里扩张形成的部分）必须适应三方面的约束：第一，外在威胁；第二，群体规模；第三，脑容量允许的新脑皮质扩张幅度。我在介绍关于非洲大象的行为学研究报告时，借用詹姆斯 · 布坎南（James M. Buchanan）关于“集体决策”的成本分析画过一张草图（参阅图 P-7）来演示由生命个体组成的任何群体的“最优规模”。

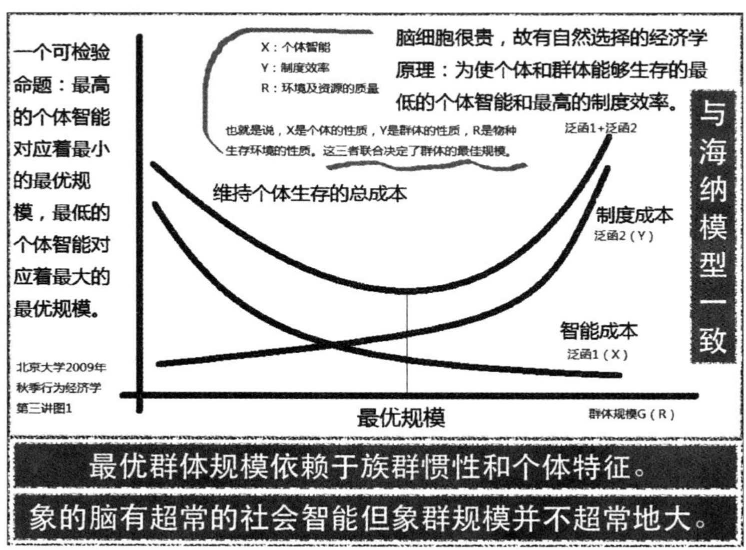

图 P-7　群体“最优规模”草图演示

注：群体规模增加导致制度成本上升，这完全借助于布坎南关于集体决策的成本分析。需要注意的是，布坎南的分析只是关于“民主”制度的，而我在这里所做的推广适用于群体可能演化获得的任何制度。例如，在“利维坦”（诸如“独裁”或“威权”统治）与“无政府”这两种极端制度之间，大多数人宁愿接受“利维坦”也不愿接受“无政府”，假如民主政治继续缺失或成熟缓慢，这当然就意味着在相当长的一段时间里，为了维护群体规模，规模庞大的群体仍然会接受威权统治。总之，一方面，经过这样一些扩展、讨论以及相应的假设，不难画出一条随群体规模增加而向右上方倾斜的曲线，我称为“制度成本”曲线。另一方面，更大的群体规模可以用更短的时间积累更多使群体成员顺利应对环境不确定性的知识存量，因此降低了对个体智力的需求，于是不难在若干假设下画出一条随群体规模增加而向右下方倾斜的曲线，我称为“智能成本”曲线。维持个体生存的总成本曲线，是“制度成本”与“智能成本”这两条曲线的纵向叠加，总成本曲线的最低位置在横轴上的投影，就是维持个体生存所需的群体“最优规模”。后来，2018 年，我见到饶敦博发表的一篇论文，有与我的布坎南“权衡曲线”类似的主题。这篇论文为《最优化人类社群规模》（Optimising Human Community Sizes），详见《演化与人类行为》，2018 年，第39卷，第 106–111 页。

资料来源：汪丁丁：《行为经济学讲义》，上海人民出版社，2011 年。

我这篇序言显得过于冗长，因为我必须调用我保存的 39 篇饶敦博的作品来说服读者相信，贯穿饶敦博全部主要作品的是“社会脑”假说。基于这一假说，未来 10 年，不难预期，饶敦博的研究，如他自己所称，将为我们带来新的社会学——演化社会学，这一思路十分明确地呈现于《大局观从何而来》（*Thinking Big*）中。这是他的第三次“轮回”，注意，他在牛津大学已逗留了 7 年，于是需要为他物色下一个“系科”。

PREFACE
前 言

社群行为是进化的产物

所有人都有着共同的历史。在这共同的历史中，沿着时间轴回溯，我们各自的故事会慢慢接近，直到最后汇聚到一个共同的祖先。也许只要回溯几代，我们就属于同族，也可能要回溯 1 000 代。那将是很久很久以前，甚至早到史前时代—— 20 多万年前，这在地球历史中不过是一瞬间。现代人类都起源于 1 万代前生活在非洲平原的共同祖先，那时候有 1 万名母亲生下了 1 万个后代……与如今一个中型小镇的规模相当。

对人类来说，这一点有两个重要的启示，第一个启示是：人类拥有共同的特征。从阿拉斯加到塔斯马尼亚，从最接近南极的火地岛到北极附近的斯瓦尔巴群岛，所有人都同属一族，是拥有共同祖先的生物物种。第二个启示是：人类拥有的共同特征都是进化的产物，都是我们的祖先历经磨炼而形成的。有些特征经历了长久的进化，比如我们与类人猿，尤其是非洲类人猿等同科物种都具有的特征；而有些特征可能近期才发源，由我们的直接祖先在适应特殊的生存环境中形成。这些特征并不特殊，因为人类只是动物物种中的一种，但正因为拥有了它们，人类才变成独一无二的物种。还有些特征赋予了人类创造文化的能力，正是文化这一人类思维的伟大产物，使我们可以成为人类，这些特征让我们超越了生物本能，让人类历史得以发生。

然而，我们在对人类文化的奇迹津津乐道时，常常会忽略我们的行为到底多大程度上源于生物进化。人类思维无疑是自然世界的奇迹之一，但它有时候看起来也十分平庸且具有局限性，使人察觉不出和其他的灵长类动物到底有何不同。我们如今生活在拥有几千万人口的巨大都市圈里——这也算得上人类文化的产物之一吧，然而就在10 000 年前，人类才住进村庄；在整个 20 世纪，人类的城市都还只和孟买、里约热内卢一样大。这些都是令人称奇的创新，是人类创新的产物。与此同时，人类社会却停留在几十万年前的样子。每个人认识的人，可以信任的人，与自己有情感联结的人，不超过 150 个，这个数又被称为“邓巴数”。自人类诞生以来，这个数值就一直是150。人类的心智能力也无法将这个数字变得更大。和其他物种一样，人类也是自身进化历史的产物。

我对进化的兴趣可能缘于我的奶奶，她是极度虔诚的长老会传教士，同时也是一名外科医生，她对科学足够精通，一直以来痴迷于人类进化。在我十一二岁的时候，她送给我一套讨论自然界各种神奇现象的奥杜邦协会（Audubon Society）的小册子，上面还附带着邮票。其中有一本就是在讲进化，从恐龙一直讲到人类。从那时起，我迷上了人类进化的故事。几年后，我在学校的图书馆偶然发现了达尔文的《物种起源》。这本书很有趣，但我那时候并没有理解透彻。后来，我对哲学越来越感兴趣，也认识到科学并不是我的使命。

再后来，作为一个研究生，我又鬼使神差地回到了达尔文的世界。我一直在野外从事猴子的行为研究，在 20 世纪 70 年代早期的非洲做了几年田野调查。当时，行为科学的进化理论还比较松散。1975 年年底，我们从埃塞俄比亚的田野间返回时，发现世界已经发生了天翻地覆的变化。爱德华·威尔逊刚刚出版了他的《社会生物学》，理查德·道金斯也将出版他的《自私的基因》——这两本书改变了我们所有人。一夜之间，我们不得不用更加严谨的方式思考进化。几十年来，和大多数中世纪的有机生物学理论一样，有关进化的观点日益变得随意，甚至常常变成了投机。而这两本书出现后，我们被要求回归更加严格的达尔文主义。当然，这两本书并非横空出世。它们以各自不同的方式，用精巧的细节表明：进化生物学在过去的几十年里确实得到了发展。

这给人们的思想带来的巨大转变在于，主流观点从认为进化是物种的进步，变成了认为进化是携带某种特征的基因的发展，无论这种特征是生理方面的还是行为方面的。这并不是说行为是天生的，也不是说行为是由遗传的基因决定的。然而，从基因的角度来看，一种特征的好处会因其对特定基因在下一代中出现频率的影响而被抵消，这让我们更接近达尔文最初关于自然选择的进化理论。也许更重要的是，它使我们脱离了幼稚的“基因决定一切”（genes-determine-all-behaviour）的论调。我们从这种常常会扰乱思考的论调，转向认为每个人无论遗传了什么基因都可以自主决定自己的行为，同时也可以在达尔文的框架下去理解个体。接下来的几十年里，进化研究领域出现了一次名副其实的研究大爆炸。我们在极短的时间内收获颇丰。回顾过去，我们现在已经很难体会到当时那种兴奋了。当时被认为是创新的东西，如今已成为公认的事实。

当然，达尔文并非进化论的发明者。在达尔文的母亲尚未孕育他时，欧洲生物学界对这个问题的研究已经至少持续了一个世纪。达尔文的祖父伊拉斯谟·达尔文在他的一本畅销书里早已对进化论做出了开创性的贡献。如果要对进化论进行表彰，功臣当属 18 世纪伟大的法国生物学家们——居维叶（Cuvier）、布丰（Buffon）、拉马克（Lamarck）等。但他们仍被中世纪的思维方式所禁锢——这种思维方式起源于亚里士多德和柏拉图，并且受到基督教修士（一群建立了现代基督教神学核心原则的中世纪神学家）的很大影响。受到希腊先辈的影响，居维叶等人认为进化是一个进步的过程，每个物种都在“伟大的存在之链”（Great Chain of Being）上缓慢而坚定地往上爬——从原始生命形式到上帝身边的天使。而上帝，至少对他们而言，就是这个链条的顶峰。

1859 年，达尔文的《物种起源》摒弃了人们自柏拉图以来创立的“阶级自然”（scala natura，拉丁语）或“伟大的存在之链”的核心思想。达尔文提出了一种考察自然世界的全新思维方式，他认为自然世界的历史是生物成功繁殖的需求所驱动的。当然，在这个过程中，达尔文颠覆了传统，有关进化的新观点挑战了维多利亚时代对既定世界秩序的信念。根据他的观点，不仅英国人不再是进化的制高点，连上帝都失去了至高无上的地位。

达尔文的伟大之处在于，他认识到自然选择是驱动进化的力量。通过这一认识，达尔文将进化论从中世纪的泥沼中带到了现代社会。他提供了一种机制，可以脱离一个创世者来解释地球上的生命进化。同时，这一机制还可以解释某个物种为什么以及如何能进化出某些特定的特征，这些特征往往能提高某种动物的繁殖成功率。

与所有的科学思想一样，达尔文的理论在《物种起源》出版后的几十年里得到了大量的补充和完善。他自己也将自然选择的概念拓展到了性别选择等方面，主要指能提高性吸引力的性状的自然选择。达尔文还将他的思想应用到了新兴的心理学中来研究音乐、语言、情绪和身体的吸引力，最后甚至扩展到了人类的进化。

1882 年，达尔文去世后，其理论的发展并未停止。他的拥趸仍在继续研究进化。我们现在了解的进化论已经超出了达尔文本人的成果，但是，现代进化理论的核心和许多衍生知识仍然坚持着达尔文最核心的论点：有机体的行为方式总是倾向于提高基因成功遗传的概率。

正是在这种令人兴奋的氛围中，身为 20 世纪 70 年代的一位年轻研究者，我感到求知若渴。我们面对时代的机遇欣喜若狂，新达尔文理论的融合对我们的研究有着强有力的指导作用，也使得我们可以提出前人从未思考过的问题。回溯这几十年，我们成了如此与众不同的一代人。我们目睹了一场真正的科学革命。我们的思维方式由此改变，就像达尔文颠覆了维多利亚时代人们的世界观一样。有关动物行为和进化方面出现了新理论，它挑战了我们长久以来对世界的假设，我们开始将这些思想运用到人类行为的研究中。

在后面的章节中，我将尽力传达这种时代变革带来的兴奋感。我要讲的大部分研究都是我自己或我的研究团队的成果。还有一些非常具有独创性的研究则是在过去十几年里对我有所启发的他人的研究成果，如为什么人类会有某种行为，这对于人类意味着什么？

用广告语来说就是：我现在邀请你，跟我一起探索自我吧！去探索无论多么爽口的啤酒都无法触碰到的那部分自我：你有多少朋友？你的大脑更像你父亲还是你母亲？晨吐是否会对准妈妈或宝宝有好处？为什么奥巴马在 2008 年美国总统竞选的胜利是一个定局？为什么莎士比亚是个天才？盖尔语（Gaelic, 在苏格兰和爱尔兰部分地区使用的语言）和乳香有什么关系？为什么人会笑？在这个过程中，我们将考察宗教在人类进化中扮演的角色，讨论欧洲大多数人居然都有一个著名祖先的事实，探讨男性和女性从来无法在颜色上达成一致意见的原因。我将从进化论和达尔文的伟大见解，以及能让我们思考科学自身基础的东西出发，来解释这些问题。首先要说的就是使我们成为人类的核心——大脑。

CONTENTS
目 录

PART 1 社群的建立

PART 2 社群的沟通

PART 3 社群与心智

PART 5 社群与基因

PART 6 社群与文化

PART 1

社群的建立

HOW MANY FRIENDS DOES ONE PERSON NEED?

HOW MANY FRIENDS DOES ONE PERSON NEED?

DUNBAR'S NUMBER AND OTHER EVOLUTIONARY QUIRKS

01

大脑天生爱社交

进化赋予人类的最高荣誉，
就是给了人类一个能取其精华、去其糟粕的大脑。

- 一夫一妻制要求人类有能力调整自己的行为，与伴侣相协调，这需要极高的认知能力。

- 女性赢得了大脑皮层的控制权，发挥出较好的社交技能；男性则赢得了边缘系统的控制权，在斗争中更有优势。

- 眼睛其实是大脑的一部分，女性对颜色更为敏感。

在自然选择的所有特征中，人类的大脑无疑是最珍贵的一个。人类大脑是有史以来最伟大的进化产物。大脑的设计可以让人类根据环境调适自己的行为，从而摆脱自然界其他物种都必须面对的恶劣环境。人们可以比较不同的选择，权衡利弊，思考这种或那种行为的含义，然后选择看起来最明智的做法。因此，人类从野蛮的自然界进化而来，实现了完美的设计。或者说，至少看起来是如此。事实上，大脑可能比你想象的更加复杂。然而，它也不如人们期望的那样灵活和完美。对堪称奇幻的进化史来说，我们对人类大脑的亏欠远比我们想象的多。

一夫一妻制的大脑有利于选择稳定的伴侣

大脑的消耗量惊人，虽然它只占人体体重的 2%，消耗的能量却是人摄入总能量的 20%。耗能如此巨大，大脑当然必须是物有所值的，才配得上如此巨大的消耗。至少在灵长类动物中，正是大脑赋予了人类应对复杂世界的能力，这是不言而喻的共识。然而，我和同事苏珊娜·舒尔茨（Susanne Shultz）最近的一项关于鸟类和其他哺乳动物的研究，却带来了有趣的反转。研究结果表明，大脑真正的消耗可能源于配对（pairbonding）。你是否总是对伴侣的缺点耿耿于怀？如果你发现你们的关系中有些摩擦，那你们其实很般配。对鸟类和一般的哺乳动物来说，大脑在身体中占比最大的物种绝对是单配的（一雄一雌）。那些群居且任意交配的动物，如羊、牛，其大脑往往较小。

关于这一点，我们可以从鸟类身上看得特别清楚——真正的问题是牢固、坚韧而持久的伴侣关系。单配的鸟类有两种不同的类型，其中有一些鸟类在每个繁殖季节都会选择一个新的伴侣，比如知更鸟和山雀这种花园里常见的鸟类；另一些鸟类一生只拥有一个伴侣，比如很多猛禽，猫头鹰、大部分乌鸦和鹦鹉。第二种鸟类的大脑是所有鸟类中最大的，哪怕我们已经排除了生活方式、饮食和体型大小等因素的影响，这样的结果依然非常显著。

在哺乳动物中，单配制更加罕见（只有 5% 的哺乳动物是单配的），但相比于那些生活在随意交配的大群体中的动物，这些遵循单配制的动物确实也拥有更大的大脑，包括很多狗、狼、狐科动物，以及羚羊科里的岩羚和矮小犬羚。

若不是因为大脑的发育和运作极其复杂，生物学家对大脑可能也没什么兴趣，只会关注更为宝贵的心脏、肝脏和肠道。进化出更大的大脑并非无用的。鉴于大脑的功能和作用，可以看出单配制的关系相对那些成群结队的水鸟、鹿和草原羚羊来说更加复杂，要求更高。那么，到底是什么让单配的配对变得如此复杂呢?

一个可能的原因是，终身单配制存在着巨大的风险。如果伴侣很糟糕（不育、懒惰或不忠），就可能会危及你对基因库的贡献。因为从生物学角度来说，基因的传递就是生命所有的意义。虽然进化出一个容量足够大的大脑代价巨大，但它能让我们在预期的时候意识到风险，这也是非常值得的。这样一来，你就可以避免很多麻烦，并在进化过程中更好地为自己考量。

单配制还存在另一个同样重要的意义，就是让你有能力调整自己的行为，与伴侣相协调。你可以想一想花园里的鸟儿们：选定配偶后，雌鸟就开始产卵，进入难熬的阶段——长时间在巢内孵化和喂养幼鸟。如果它们中某一个成天在外面晃荡，那么它的伴侣很快就会做出两边都不讨好的选择：要么不顾鸟蛋出去觅食，要么就待在鸟巢里等着饿死。对一只必须每天吃下与自身体重等量食物才能活命的小鸟来说，这绝对事关重大。简而言之，你需要一个足够聪明，清楚你的需求，在需要时能承担起家庭责任的伴侣。

单配制有着较高的认知需求，是因为你要让伴侣的观点和立场与自己保持一致。我们自己的经验也表明，长时间地保持一段关系是一件非常微妙的事情，需要很多值得期待的技巧，对那些很可能带来分歧的问题也要学会看开。或者，对那些尚未暴发的问题，对那些直到发生才能发现的事情，我们要知道如何处理和修复，让关系再次恢复平衡。

当你困惑为什么你的伴侣表现如此糟糕的时候，你应该安慰自己：进化已经赋予了你最高荣誉—— 一个能取其精华、去其糟粕的大脑。在那之后，一切都会变得顺遂。这些甚至连你后院桌上的小鸟都能做到。

大脑的“性别优势”：女性重社交，男性重争斗

你的父母亲都为你提供了自己的一组基因，关于你一切特征的一整套基因。但你并不是他们一半一半的基因的混合物。在大多数的特征上，你会更像爸爸或者更像妈妈，最终你仿佛是一个马赛克组合——你母亲的鼻子，你父亲的下巴，你祖父的头发，甚至还有更早先辈的某些特征。这一切解释都可以归功于 19 世纪 50 年代孜孜不倦的科学家孟德尔，他被誉为“现代遗传学之父”。

现在，也许有人会认为你从父母双亲那里随机遗传了所有特征并进行组合，但每个人又有着千差万别——人群中一半的人从他们的父亲那里遗传某些特征，而其他人从他们的母亲那里遗传。但事实并非如此。相反，事实证明，有些特征总是遗传自母亲，另外一些则总是遗传自父亲。基因似乎很清楚它们应该从哪里遗传，也知道应该关闭哪些功能。

令人惊讶的是你的大脑里发生的事情。在对老鼠进行自然遗传缺陷研究的实验中，剑桥大学的巴里·凯韦恩（Barry Keverne）和同事发现，缺乏母亲染色体的动物大脑皮层不发达，而那些没有父亲染色体的动物则缺乏成熟的边缘系统。在这一过程中，某些基因保持“沉默”不表达，被称为“基因组印记”（genomic imprinting）。虽然这一机制目前尚未完全清晰，但看起来就像单个基因其实“知道”自己是来自父亲还是母亲的。

这一发现与最近的另一项研究不谋而合。杜伦大学的罗布·巴顿（Rob Barton）和同事研究证明，对很多灵长类动物来说，大脑皮层的大小与群体中雌性的数量密切相关，而边缘系统的大小（情绪反应机制的一部分）更多地与群体中雄性的数量有关。某一物种的典型群组中雌性的数量，反映了雌性的社交技能。这完全说得通，因为大脑皮层正是和社交技巧有关；另一方面，对大多数灵长类动物来说，雄性间的关系主要基于竞争优势序列（也就是让雄性在交配中获得成功的序列），很明显这与雄性的对抗意愿更加相关。

基因组印记的这种模式非常有趣。在大多数灵长类动物中，雌性繁衍成功的关键在于姐妹之间的支持。雌性如果希望自己的社会关系有效运作，就要能够在复杂的社会中自我实现。对肯尼亚安博塞利国家公园中的狒狒将近 30 年的家族历史研究表明，社群中最成功的雌性往往在一生终结时拥有最多的后代。

但对雄性来说，问题则不在社交技能方面，而是要在竞争中保持猛烈的劲头。现如今，任何一个在斗争中保持理智的人都会很快意识到，谨慎才是真正的勇敢，保持谨慎才能优雅地退场，在未来更好地生活或战斗。但在交配过程中，那些退出战场的人就无法拥有配偶。这样一种让雄性不能有太多思考、由愤怒的情绪主导一切的机制，通常更加有效。虽然存在着受伤甚至死亡的风险，但这是一个“赢者通吃”的游戏，没有所谓的第二名。所以，面积不大的大脑皮层和非常发达的边缘系统正是雄性想要的。如果你必须以战斗为生，最好先咬住猎物，然后再进行思考。

实际上，雌性在大脑皮层的控制权争夺中获得了胜利，因为对她们来说，社交技能更有价值；雄性则赢得了边缘系统的控制权，因为这可以让他们一旦投入战斗就无须思考太多。两性之间的进化战争最终是关于控制大脑的某些部分的，但这些部分及其成因至今仍是一个谜。接下来，我们来讨论另一个话题。

眼睛是大脑的一部分

你知道吗？我们的眼睛其实是大脑的一部分。眼睛是大脑对光敏感的产物，并出现在了人类的外表上。这样一来，人就能以触觉和嗅觉无法实现的方式看到外部世界发生了什么。那些非先天失明的人能深刻地体会到，视觉对人们的生活起着绝对的支配作用，特别是色彩视觉。

男人一定遇到过这样的问题：你是不是觉得你妻子在各种颜色的衣服中挑得无比烦躁，但对你来说其实都一样呢？好吧，可能你妻子才是对的：大约 1/3 的女性在视觉世界中似乎拥有四原色，而男性只有标准的三种（红色、蓝色和绿色）。这些四原色的女性的视觉里，还有一种额外的绿色或红色。更要命的是：有些女人甚至拥有五种原色！确实有些女人看到的世界与其他人截然不同。

根据学校生物课上的标准说法，我们的视网膜上有两种视觉细胞：在夜间赋予我们黑白视觉的视杆细胞和在白天赋予我们颜色视觉的视锥细胞。一直以来，我们都知道人类有三种视锥细胞，每一种都对不同波长的光非常敏感——红色、蓝色和绿色，就跟你家里电视屏幕上的一样。我们之所以能看到彩虹七种不同的颜色，正是因为对这三种原色不同程度混合的感知。

如今我们了解到，感知其中两种颜色（红–绿维度）的基因在X染色体上，而感知蓝色的基因在7号染色体上。这就解释了为什么往往男人（而很少有女人）是色盲，而且他们通常是红色色盲，几乎从来没有蓝色色盲。男人只有一个来自母亲的X染色体，如果这个染色体没有表征，就没有其他具有表征的备用基因了。而女人有分别来自父亲和母亲的两个X染色体，所以她们总是有备无患。

这也为我们提供了关于四原色或五原色的一个非常简单的解释。视网膜感色基因的轻微突变，会使得不同的人看到深浅略有不同的红色或绿色。对男人来说，从单一的X染色体中得到的就是他的所有，也就是他看世界的方式。但是，女人得到的两个X染色体可能有两种深浅不同的红色或绿色。如果这两个X染色体都在视觉发展过程中被激活，这些女人就可能拥有两种敏感的视锥细胞，最终形成另一种色系，一共有蓝色、红色、类红色、绿色和类绿色五种颜色。

如果只是说相对于男人而言，女人生活在一个更富有色彩的世界里，那也没什么，谁会在乎呢？但是，加州理工学院的马克·昌吉兹（Mark Changizi）和他的同事们让这个事情变得有点别扭了。这种色彩敏感度的性别差异起源于早前未知的灵长动物：众所周知，母猴就拥有三原色视觉，而公猴只能看到两种颜色。昌吉兹和他的同事注意到，灵长类动物色彩敏感度的性别差异和物种的裸露皮肤有关。如果某一物种拥有因血压增减而变色的大面积裸露皮肤，它们就拥有绝对完整的三原色视觉。他们提出了一个明显的相关例证：人类就是“裸猿”，而我们不是正好拥有完整的彩色视觉吗？

这简直是在伤口上撒盐。也许女人对色彩（特别是红色）的敏感度，与她们总能准确知道你一整晚都在生什么闷气的能力有关。或许我们可以说，这还是有那么一点道理的。换句话说，女人之所以知道男人什么时候在说谎，是不是因为她们总是技高一筹，早已从伴侣微微发红的脸颊发现了蛛丝马迹呢？进化竟然如此不友善……

HOW MANY FRIENDS DOES ONE PERSON NEED?

DUNBAR'S NUMBER AND OTHER EVOLUTIONARY QUIRKS

02

邓巴数，社群规模 150 人

社会被社交媒体重新定义。

- 研究表明：群体规模与大脑新皮层的大小有非常显著的相关性。每个人拥有的社交网络规模在150人左右，这一数字被称为“邓巴数”。

- 社群的重点不仅在于关系的数量，也在于一些重要关系的“质量”。

- 关系最为亲密的小圈子一般都由3~5个人组成。这些人基本上就是一个人在遇到困难时会求助的好朋友。

近些年来，社会的巨大变革都不再是政治事件，我们的社会已经被诸如 Facebook、微博等社交媒体重新定义了。达尔文和他同时代的人从来没有想过这种东西，即使是最疯狂的人也无法想到这些。像达尔文他们，得益于邮局的兴起和大量的信件来往，交友圈的地理范围才有所扩大。但对一般人来说，他们的社交圈还是仅限于能面对面遇到的人。社交网络打破了达尔文时代人们社交的时间和地理上的限制。

然而，这种技术革命也带来了一种诡异的副作用——人们形成了攀比个人主页上好友数的风气。或者说，至少有一些人比较夸张，主页上甚至有好几万个好友。但是，只要对这种小小的网络世界一瞥，我们很快就会发现两个问题：第一，好友数量的分布存在着很大的偏态——大多数人的列表里有一个平均数的“好友”，只有一小部分人有超过 2 000 个好友；第二，怎样判定谁是真正的朋友。那些拥有大量朋友（超过 200 个好友）的人往往不认识好友名单里的人，甚至对他们一无所知。

相互依赖的关系形成了复杂的社群

狄兰·托马斯（Dylan Thomas）在《牛奶树下》（*Under Milk Wood*）的开篇就向我们介绍了一个非常诡异的威尔士小渔村，这个村子里错综复杂的人际关系从始至终贯穿整部舞剧，就像花茎一样起着支撑整体的作用。这个村子的每个人在内部复杂的社交关系网里都有着自己的定位。每个人都有着自己的秘密，一旦这些秘密泄露出来，整个村子的平衡就会被打破。这样说来，与比较敏感的哺乳动物和鸟类相比，人类确实表达出了灵长类的遗传属性——由异常复杂和互依的人际关系形成了复杂的社会。而灵长类动物的这种遗传属性，在猿猴拥有了比其他动物更大的大脑时就已经出现了。

那为什么灵长类动物会有这么大的大脑呢？目前对此有两种理论。相对传统的观点认为，灵长类动物需要更大的大脑帮助它们形成个体对世界的看法，以及找到在日常生活中解决食物问题的方法。另外一种理论认为，灵长类动物生活的复杂社会为大脑的进化提供了刺激。这种社会智力理论（一度被认为是“马基雅维利智力假说”）的主要观点表明了能有效地将灵长类与其他种类动物区别开来的特征——极其复杂的社会关系。

类人猿的社会与其他动物的群体之间存在着两个非常重要的不同点。第一个不同点在于：类人猿社会更加依赖不同个体之间的社会联结，这使得类人猿群体呈现出高度结构化的特点。类人猿不会像羚羊或昆虫等其他低结构化群体中的动物那样，总是轻易地加入或离开社会群体。也有一些其他物种间形成了高度结构化的群体，比如大象和草原犬鼠，但是这些动物和类人猿之间还存在着第二个不同点：相对于其他动物，类人猿能够运用它们对所处社会群体的了解，形成更加复杂的联结。

已经有发现表明，在人类之外的多种灵长类动物中，群体规模（会影响社会的复杂程度）与大脑新皮层（主要负责有意识思维的大脑外层）的大小有非常显著的相关性，证实了上述那种社会智力理论。这种结果似乎表明，任何一个物种的动物都只能同时维持一定数量或质量的关系。正如计算机的计算能力受到其内存和处理器的限制一样，大脑在不断变化的社会环境中处理信息的能力也受到大脑新皮层的限制。

从进化的角度上看，群体规模和大脑皮层大小的相关性表明，如果想让类人猿进化出更大的大脑，需要让它们生活在更大的社会群体中。某些动物不顾可能有更多捕食者的危险，想生存于更大的群体中是有一些原因的。显而易见的是，那些同时拥有大社群和大面积新皮层的动物，诸如狒狒、短尾猿、黑猩猩（chimpanzee），它们大部分的时间都生活在陆地上，要么居住在广阔的热带干湿季气候地带，要么生活在森林的边缘地带，它们面临被捕猎的危险远远大于那些深居在森林中的动物。

人类的社群规模限制在 150 人

有关非人类灵长类动物大脑新皮层和社群规模的关系向我们抛出了一个非常重要的问题：如果人类拥有前所未有的大容量大脑，那么，人类的社群规模会有多大呢？参考猴子和猿类，人类社群的规模大概是 150 人——也就是人类能拥有的关系数量的上限，这一数字已经被冠以“邓巴数”之名。但是，是否有证据表明，现实中的人类群组确实是这样的规模呢？

事情并非总是如此。毕竟，在现代世界中，每个人都生活在拥有千万人口的大城市或国家中。然而，我们必须保持审慎的一点是：对非人类的灵长类动物来说，它们的关系数量仅仅建立在面对面的联结上。对人类来说，我们很显然不可能与城市里的每个人都见面相识。事实确实如此，同在一座城市出生、成长、离世的大多数人并不相识，更不用说见面了。这种大规模社群的本质当然需要解释，它与我们观察到的灵长类自然群组有所不同。

关于“自然”的人类社群规模，我们可以从工业革命之前的社会寻找一些证据，尤其是狩猎采集时代的人类社会。在狩猎采集时代，大多数人都生活在具有众多层次的复杂社会中。每晚的营地里，最小的群组可能是 15 人。但这些群组并不稳定，不同的个体和家庭在跋山涉水的过程中可能会不断地脱离或加入。最大的群组通常就是部落，人们通过对语言而非文化的认同形成部落。一个典型的部落往往拥有 500~2 500 人。传统社会的这两种层级（群组和部落）在人类学中已经得到了广泛的研究。但在这两个层级之间还有第三种常被讨论但鲜被提及的层级。有的时候，它常常被称为具有礼制意义的“宗族”，比如成人礼的周期庆典。有时候，宗族也体现着对同一狩猎区域和水源的共同所有权。

基于二十几个部落社会的人口数据来看，宗族的平均人口是 153 人。所有这些社群中，除了一个像村落或宗族的社群之外，其他社群的人口数都在 100~230 人的范围内，我们可以根据 150 的均值得出这样的统计推论。然而，那些临时夜宿营地的群组和部落群组都不在这个范围内。

那么技术更加发达的社会呢？是否有证据表明 150 人就是一个社会单位呢？答案是肯定的。如果你对此有所关注的话，你会发现到处都在印证着这个神奇的数字。我和同事拉塞尔·希尔（Russell Hill）询问过很多人，让他们列出自己寄圣诞节贺卡的名单，平均每个人都会给 68 个家庭寄出贺卡，也就是 150 人左右。

这一数字同样经常出现在商业领域。“拇指法则”（rule of thumb）通常被用在商业组织理论当中，即员工数量小于 150 人的机构基本上还能面对面沟通，良好运转，一旦超过这个数字，机构想要有效运行就必须引入等级制度。20 世纪 50 年代以来，社会学家就已经知道了 150~200 这个重要门槛，更大的公司会遭遇激增的旷工和病假。最成功的中型企业代表 GoreTex 的创始人是戈尔先生，当他的企业需要增产的时候，他没有选择扩大主工厂的规模，而是开办其他分厂，始终保持每个工厂 150 个工人的规模——我猜想这是他的企业成功的关键。通过让工厂人数保持在 150 人以下，戈尔先生可以避免建立复杂的等级制度和管理结构，工厂的运作可以依赖于人际间的关联、鼓舞士气的共同目标，并且经理之间是合作而非竞争的关系。

军队的设计者似乎也遵循着同样的法则。在大多数现代军队中，最小的单位就是连队，一个连队由三个排组成，每个排一般包括 30~50 名士兵、指挥官和后勤人员，总体算起来，一个连队的规模为 130~150 人。即便是罗马共和国时期的罗马军团，其基本作战单位（步兵支队）也是类似的规模，大概有 130 人。

学术界也存在着这样的限制。在一个对人文社科 12 个学科的调研中，萨塞克斯大学的托尼·比彻（Tony Becher）发现，每个领域的研究者数量在 100~200 之间。如果一个领域的研究者超过了这个数量，就会分成两个或者更多个分支学科。

在传统社会中，村落的大小大概也是这个样子。在公元前 6000 年的新石器时代，如果从民居来判断，中东地区的村落通常都有 120~150 人。根据 1086 年出版的《末日审判书》(*Domesday Book*，记录了一场规模巨大的人口普查）的记载，那时候英国村子也有大约 150 人。同样，18 世纪的英国乡村，除了肯特（英国东南部郡名），人口几乎都是 160 人左右(肯特是 100 人，我在想这说明了什么……)。

北美的两个原教旨主义流派——哈特派和亚米希派的社区规模一般也在 110 人左右，一个社区的人口一旦超过了 150 人就会被分成两个社区。哈特派信徒对这样设立社区的解释是，他们发现当社区的人口超过 150 人时，就无法只靠同伴监督的压力来控制人们的行为了。维持社区团结的是共同的责任感和互利互助，一旦社区规模超过 150 人，这种根基就会被破坏。因为其整个伦理体系都反对等级制度和政治强权，因此他们倾向于在达到临界点之前就分割社区。

还有一种界定邓巴数的方法。有些人你如果凌晨三点在香港机场的候机厅遇到，过去打招呼说“嘿！最近好吗？有段时间没看到你了！”也毫不尴尬。这些人的数量不会超过邓巴数，也就是 150 人。事实上，你不这么做他们才会有点生气呢。你无须自我介绍，因为他们自然会知道你在他们的社会里所处的位置，而且你也会知道他们的地位。如果你因遇到危险而向他们借钱，他们一定会愿意借给你的。

高质量的社会互动是进化优势

人类社群规模存在明显的认知限制，这是否反映了我们的记忆负荷问题（我们只能记住 150 人，或者只能打理 150 人社群里的社会关系）？还是反映了更深层次的问题——可能是和关系质量有关的信息限制？我们来看看支持后一种可能的两个证据。

第一个证据源自这样一个事实：在灵长类动物中，雄性的地位优势和它能配对的雌性数量普遍存在相关性。我们可以基于社会脑模型做出这样一个预测——对那些拥有更大大脑新皮层的动物来说，这两者之间的相关性弱得多，因为它们可以用自己巨大的大脑计算出简单清晰的优势策略。因此，我们应该能发现雄性地位和求偶成功的关系和脑容量呈负相关。从猴子和猿类身上，我们确实发现了这一点。在大脑较大的物种中，地位较低的雄性可以破坏等级较高的雄性的优势，从而成功求偶。它们通过发现更精妙的社交策略，来达到这一目的，如和其他雄性结成联盟来破坏有权势雄性的优势，了解雌性的偏好等。

第二个证据来自圣安德鲁斯大学的迪克·伯恩（Dick Byrne）的一个分析。他和同事安迪·怀滕（Andy Whiten）整理了有关灵长类动物文献中战术欺骗的案例。“战术欺骗”这个名词指的是动物中一方利用另一方去达到自己目的的行为。结果表明，那些拥有更大大脑的物种使用了更多的战术欺骗。

有关战术欺骗，最经典的一个例子就是雌狒狒欺骗它们的男伴。狒狒的家庭形式类似于一夫多妻制（1 只雄性狒狒和 5 只雌性狒狒共同生活），10~15 个这样的家庭单位组成一个共同居住的群体。雄性狒狒对女伴的占有欲特别强烈，不能容忍女伴接触其他雄性。雄狒狒通过惩罚那些离开自己太远的雌狒狒来维持这样的格局，尤其是当雌狒狒让另一个雄性进入它们的家庭中时。瑞士动物学家汉斯·库默（Hans Kummer）曾经看到一只雌狒狒花了几十分钟慢慢离开自己的家庭单位，移动到一块大石头后面。而这块大石头后面有一只来自隔壁家庭单位的雄狒狒，它们在那里卿卿我我。对库默来说，这只雌狒狒看起来是在很小心地让它的头可以从石头上方被看到，而此时雄狒狒就在几米之外的地方喂孩子。

对于这只雌狒狒的行为，存在着两种可能的解释。从严格的行为主义观点来看，你可能会认为它在担心自身行为的后果，它知道不与男伴同心同德会招致麻烦。而更一般的认知观点认为，它可能在思考以下问题:“只要对方可以看到我的头，它就会认为我只是在石头后面待着，我就可以做自己想做的事情。”后面一种解释表明，那只雌狒狒正在影响和操控配偶的心理状态。

我怀疑雌狒狒的实际行为是否像第二种解释这么复杂，尽管这种观点近年来已经被研究动物行为和认知的科学家们普遍接受。但是，无论哪种解释是正确的，这么巧妙的行为在猴子和猿类中间实属罕见，更不用说那些非灵长类动物了。在动物认知的研究中，这种现象被称为“心理化”（mentalizing）——可以理解他人的思想，而不是仅仅描述他人的行为。其他所有动物的行为都符合行为主义者的假设，而猴类和猿类早已进阶到可以理解行为背后的部分心理过程了。

这一类的研究发现让我们逐渐认识到:问题不仅在于关系的数量，也关乎一些重要关系的“质量”。我们发现了群体规模的上限，因为复杂程度的限制，这就是某一类动物能维持的关系总数。这种关系不是仅仅知道谁是谁，或者张三和李四有什么关系，我和他们俩又有什么关系，而是我能如何运用自己对他们的了解来经营管理这些关系，达到互相照顾的效果。

灵长类动物之所以超越了一切社会性动物，是因为它们巨大的进化突破。这就是它们能达到如此地位，人类的地位会如此显赫的原因——人类继承了同样的社交能力。灵长类动物（甚至包括猴类和猿类）和其他动物物种的差别在于高密度的社交互动。而人类与其他灵长类动物的差别在于，我们将这一优势推向了一个全新的高度。

社会网络基于三角结构

据说挪亚方舟上的动物都是一对一对的。在那样的情况下，挪亚当然要从繁殖的角度进行考虑。但是，如果从社会性的角度来考虑，他应该以三只为单位。最近一些研究的结果表明，社会网络的结构明显是基于三角结构的。

我们都知道，人类可以根据自己的感受将朋友和熟人区分开来。朋友是我们愿意花时间陪伴的人，而熟人往来通常是出于经济便利上的考虑。但事实上，我们在现实生活中对两者的判断远比这个更复杂和准确。更有趣的是，如果我们观察组成社会的 150 人群组中的社会关系模式，总能发现很多亲密的关系。而关系最为亲密的小圈子一般都由 3~5 个人组成。这个核心的小圈子里，基本上就是你遇到困难时会求助（寻求建议、安慰甚至会借钱救急）的好朋友。比这一层小圈子稍微外围一点的，是一个大概由 10 人组成的小团体。而在这个小团体之外，还有一个大约 30 人的大圈子。

这些圈子的人数似乎没有什么明显的模式。但是，如果你想一想这一层层的圈子，就会发现非常清楚的模式：它们似乎形成了 3 倍递增的次序（5，15，50，150）。事实上，在这些之外还有两个层级：500 和 1 500。古希腊哲学家柏拉图甚至尝试形成了更大的一个层级：他认为 5 300 人是民主的最理想规模……

对于这些不断拓展的圈子如何悉数体现在真实生活中，或者它们为什么会以 3 倍的规律递增，我们并不确定。但是，有些著名团队确实验证了这种 3 倍增长的模式。例如，社会心理学家长期以来就认为 12~15 人的规模组织是“共情小组”（sympathy group）——这个小组里如果有人去世会让你非常难过。有趣的是，大多数运动队、陪审团和使者团等群组也都是这样一个规模。而在澳大利亚原住民和南非布希曼人等传统的狩猎采集社会中，夜晚的营地里一般是 50 人。在狩猎采集时代，部落的平均人数一般是 1 500 人，他们通常使用同样的语言，或者使用通用语中的某一种方言。

这些熟人圈子简明地揭示了我们与朋友接触的频率——对于 5 个人的核心小圈子，至少每周一次；对于 15 人的小团体，至少每月一次；而对于 50 人的关系圈，至少一年要联系一次。然而，这也与我们对亲密度的感知一致：5 人的核心小圈子关系最为紧密，稍微外围一点的 15 人小团体则稍微疏远，对于更外围的那些圈子（如 50~150

人的圈子），亲密程度更是会连续下降。

看起来，人类能保持亲密程度的关系也存在着数量的限制。我们最核心的小圈子只能有那么多人，如果有新人加进来，就必须有人退出到更加外围的圈子中。非常有趣的是，亲戚在这些连续的关系圈子中出现的频率要比我们想象得更多。这并不是说我们必须接纳（更不用说喜欢！）所有的亲戚，而是表明我们对亲戚确实存在着偏好：如果其他方面都一样，血浓于水，我们更愿意去帮助亲戚。

HOW MANY FRIENDS DOES ONE PERSON NEED?

DUNBAR'S NUMBER AND OTHER EVOLUTIONARY QUIRKS

03

社群的核心是亲戚而非朋友

亲戚关系为人类的社会生活提供了一种难以想象，
甚至难以察觉的深刻影响。

- 每个人都有亲戚，亲戚之间通过一个复杂的生物网络彼此联系。

- 长途跋涉最好与亲戚相伴。

- 为他人的孩子取名的传统习俗，使得命名者与孩子形成联结，他们与孩子休戚与共，让孩子终身受益。

社群是世界的基础。从这个角度来看，人类确实具备灵长类动物的特性：社会性，通常是一种非常强烈的社会性。这正是猴类和猿类的特征，是它们（也是我们）进化成功的关键，而这种社群感（尤其对人类来说）的核心就是亲戚关系。亲戚关系为人类的社会生活提供了一种难以想象，甚至难以察觉的深刻影响。不仅在传统的小规模社会中如此，现今依然如此。

最早的社群都是由血亲组成的

1900 年左右，我的祖父离开了位于苏格兰东北部的家乡，一路向东……到达印度，最终长眠于一个叫坎普尔的尘土飞扬的小镇，那里是恒河平原上一个无名之地。我祖父的晚年都在喜马拉雅山麓的北部大平原上度过，再也没有回过苏格兰——尽管他一生都思念着家乡，以及他的祖父在满是三文鱼和威士忌的斯佩河口岸修建的小农舍。

我经常在想，到底是什么促使我的祖父离开家乡，成为整个大家族中唯一一个离开苏格兰的家庭成员（除了他以外，他的祖父也在一个世纪前在西班牙住过一两年，后来又在滑铁卢拿军饷抵抗拿破仑）。几年前，机缘巧合，我找到了这个问题的答案。非常简单！他的表兄先于他几年去了那里，在当地为他安排好了一份石匠的工作。

好吧，问题变得更加复杂了。为什么他的表兄会去那个名不见经传的印度小镇？答案在于他工作的公司——埃尔金纺织厂。而埃尔金纺织厂是谁经营的呢？缪尔纺织厂、坎普尔纺织厂、斯图尔特马具和鞍具厂以及坎普尔当地的几家企业又是怎么回事？从这些工厂的名字来看，很有可能是北部苏格兰人开设的，他们因为各种各样的原因，在印度民族起义后被迫留在了坎普尔，也见证了印度工业市场的兴起。

而真正的问题在于：当这些公司需要招聘员工时，他们总是会回到自己生活过的地方，从家乡寻找，他们相信家乡人总是可靠的。他们之所以信任家乡人，主要是因为归属感，归属于那个互相依靠的小型社会网络的感觉。这份归属感也让家里人对千里之外的他们依然保持关注，而他们一旦有所动向，便会成为家乡坊间传闻的主角。且不说这些繁文缛节，仅仅是亲属和地缘的联系就足以让大多数人听从命令了。

这一现象曾在苏格兰移民历史中一而再，再而三地出现。当苏格兰人在百废待兴的美国创建普林斯顿大学时，为了给这所新大学找一位校长，他们没有像今天一样发布招聘广告，而是返回爱丁堡找了一个自己人来这所新大学任职。

简而言之，裙带关系在苏格兰移民史上扮演了重要的角色，也带来了诸多裨益。也许正是因为裙带关系，苏格兰人成了 18 世纪和 19 世纪英伦三岛上最成功的移民群体。事实上，以伦敦为中心的日不落帝国就是苏格兰人的帝国，由苏格兰人开疆拓土、治理政务、维护治安、传教布道、授业解惑、勘探地质、治病护理、经商交易和管理交通运输。苏格兰人并非比英格兰人、威尔士人和爱尔兰人更渴望体面的薪水和漂泊的生活，而是一种更加强烈的家乡地缘观让他们彼此之间的联系更加紧密，也让他们的合作更加高效。另一个原因是，苏格兰人拥有独一无二的教育系统。

尽管下属明确反对，我的祖父还是成了英国酒吧里的常客，只为了去跟当地驻军中的苏格兰军官们聊聊天。祖父终身禁酒，所以他去那里绝对不是为了买醉，只是为了社交，为了让自己有机会能够沉浸在苏格兰之夜里。

苏格兰人的社交历史非常悠久。17 世纪下半叶，大量苏格兰人移民到伦敦，为伦敦带来了很多酒吧和会馆。伦敦的高地协会（Highland

Society）成立于18世纪50年代，主要是为苏格兰移民提供帮助，更重要的是保护苏格兰文化、服饰、音乐和语言——盖尔语。到了19世纪末，伦敦已经出现了30多个苏格兰的协会、会馆和俱乐部，其中很多苏格兰的郡县会馆都旨在维系当地的社会关系，因而也成了互助群体。

总之，社群是生活的核心，而如今我们已经忽略了它。在传统社会中社群如此高效的原因之一是，几乎所有的社区都是由血亲组成的。因纽特捕鲸者们都乘着小船出海捕鲸，就像《白鲸记》（*Moby Dick*）里描述的那样：如果形势危急，你被甩出了小船，掉入冰冷的北冰洋里，只有亲人才会奋不顾身地去救你。

亲戚关系让我们更加安全和满足

在现代社会中，传统小规模社群中那种无处不在的亲属感已经不复存在。在过去那些社群中，群体里的每个人之间都有亲属关系。这些亲属关系并非杜撰，也不是为了在做田野调查的陌生人类学家面前做样子，而是每个人都真的存在亲戚关系，他们借由一个复杂的生物网络彼此联系。

而后续加入这些族群的人们（除了那些孤身深入的人类学家外），

因为与族群里的人结婚、生育，也很快融入了这种亲戚关系网络中。我们之所以成为血亲，并不是因为我们拥有遥远的共同祖先，而是因为我们拥有共同的后代。我们将姻亲视为亲人，正是因为我们与之拥有共同的后代，而这些后代也会为人父母，代代相传。

美国民间的一个标志性事件能够很好地阐释亲属关系的重要性。1846 年 5 月，正值“西进运动”和淘金热的高潮，人们从四面八方涌向加利福尼亚开始淘金，雄心满满的征服者们从怀俄明州的小沙河出发，为了新生活进行最后的艰苦跋涉。他们一个多月前就从伊利诺伊州的斯普林菲尔德出发了。一路上跌宕起伏，一开始混乱无序，路上又遇到印第安人的袭击，以致延误了 87 位男女幼孺奔赴聚会。最终，他们抵达了内华达山脉，这座顶峰被冰雪覆盖的大山挡住了西行的道路，他们已经比预期到得晚了，然而冬天已经临近。

尽管他们奋力前进，最终还是被暴风雪困在了一座不知名的山头上，也就是后来被人熟知的唐纳山口。他们要在这里努力熬过冬天。但他们本来计划在冬天到来之前翻过这座山，所以事先根本没有做好过冬的准备。他们的食物已经耗尽，有些人甚至开始吃人。当加州救援队在第二年的二三月到达时，一开始的 87 人中已经死掉了 41 人。在这个存活比例中最值得关注的是那些活下来的人。死亡者更多的是只身参与这场探险的人，而那些与家人一起出发的，存活概率则高得多。很多与家人在一起的老人活了下来，独自一人的年轻人却未能幸免于难。所以，长途跋涉最好与亲友同行。

另一个案例也是来自美国民间的标志性事件。当“五月花号”上的移民 1620 年登陆美国的时候，他们精疲力竭，无法忍受新英格兰寒冷的冬天。他们严重营养不良，疾病缠身，也缺乏必要的资源，眼见着船上的 103 人仅剩下 53 人。如果没有印第安人的慷慨相助，移民就会悉数殆尽。和上一个例子中的情况一样，孤身一人的死亡率最高，与亲人一起的移民死亡率最低。

关键并不在于亲戚能够东奔西跑、彼此帮助，尽管事实诚然。真正重要的是与亲人在一起。相比于与朋友相聚，和亲人在一起会让你变得更有毅力——不管你们之间如何争吵。两个关于孩童患病与死亡的研究更加清楚地证明了这一点。这两个研究分别发生在 20 世纪 50 年代泰恩河畔的纽卡斯尔和 80 年代加勒比海的海岛多米尼加。在这两个研究中，儿童患病、死亡的数量与家庭亲戚网络的规模直接相关。那些大家族里的小孩，患病的频率和死亡的概率都更低。这并不是因为有更多的人会围绕着小孩嘘寒问暖，而是因为患儿身处互相依赖的关系网络中心。从某种程度上来看，亲属关系联结会让你感到更加安全和满足，让你能更好地去面对世界的变幻莫测。

同姓可以激发亲属感

最能说明亲属感重要性的，就是人名的影响力了。直到一个世纪之前，苏格兰人还沿袭着盖尔人取名的古老习俗。根据他们的习俗，大儿子跟祖父姓，二儿子跟父亲姓，三儿子则跟父亲的兄弟姓。女孩子也遵循重要的规则，不过取的是母亲这边亲戚的姓氏。至于我的名字，要感谢我母亲的叛逆，她坚决拒绝家里再多一个姓“乔治”的人。如果我的父亲坚持己见的话，我就是我们家第五个姓“乔治”的人，这个姓氏起源于我那出生于1790年的曾曾祖父。

为什么要遵循这样的取名法则呢？

最明显的一个答案是，遵循同样的姓氏证明了同一个家族的身份。我们的姓氏本来就拥有这个功能，但是有些姓氏明显更好地表达出了这样的意义。虽然因为历经众多变迁，如今姓贝克或史密斯的人已经不会认定自己和同姓的陌生人有什么关系，但是盖尔人的姓氏就是为了表明共同的祖先。有些姓氏辐射深远，有些则局限在某些地域。尽管邓巴姓氏的分布从爱丁堡（这里的城堡曾经是邓巴家族的势力地盘）一路到海港，但邓巴一直都是一个非常小众的姓氏，几个世纪都是如此，其他地方也很少出现。

除了姓氏外，名字也可以表明一些关系。为他人的孩子取名的传统习俗，也形成了孩子与孩子命名者的联结，使得他们与孩子休戚与共，让孩子终身受益。在德国，按照传统，如果父母能为孩子找到教父或教母，教父或教母就要为孩子取一个教名。一旦孩子成年，教父或教母就要帮助孩子在社会上发展，而不仅仅是为他们上主日学校操心。根据德国吉森大学历史人口学家埃卡特·沃兰（Eckart Voland）对德国北部克鲁姆赫恩地区教堂记录的研究，那些活过一岁的孩子通常都会有教名，而那些一岁前夭折的孩子则不然。孩子在出生 8 天后接受洗礼时就要确定教名，这样的结果说明，孩子的父母已经知道自己的孩子能否活下去，因为他们已经决定了是否值得去给孩子努力寻找教父或者教母。

这种潜在的亲属感如今也依然存在。加拿大麦吉尔大学的进化心理学家们在最近的研究中对此进行了直接测量。他们借用美国人口普查的数据，从中选取一些常见和罕见的英文姓氏和名字，然后组合成不同的发件账号，发了近 3 000 封邮件，在邮件里请人们帮忙给本地的球队吉祥物命名。发件账号可能和收件者同姓或同名。测量的目的是要看人们会不会回复。当收件者和发件账号不同名也不同姓的时候，回复率只有 2%，而同名同姓的情况下，回复率是 12%。同姓的情况下是 6%，回复率高于同名的情况（4%）。而在那些姓名非常罕见的群体中，当收件者与发件者同名时，回复率激增到 27%，同姓的情况也达到了 13%。有趣的是，那些姓名罕见的回复者中，1/3 的人都会问起家族出身。

我也想起了自己行为中类似的规律。如果发现姓邓巴的人，我会情不自禁地多关注一下。但是如果遇到一个姓“麦克唐纳”（这个姓氏在苏格兰很常见）的人，我就没那么感兴趣，尽管我们家族有几代人都用它作为中间的名字，源于我的外曾祖母。

进化生物学家很久之前就知道了亲属关系（由共同祖先繁衍）在动物和人体生物学中的重要性。总结起来就是大家熟知的“汉密尔顿法则”（Hamilton’s Rule），这是近代进化生物学的基石之一，它以 W. D. 汉密尔顿的名字来命名，汉密尔顿在 20 世纪 60 年代发现这一法则时还是一名默默无闻的博士生。他发现，两个基因相关的个体，也就是源于共同的祖先、拥有一定比例相同血统的人，在其他条件相同的情况下，他们更可能帮助彼此，而不是去帮助血缘上不相干的人。正如古谚所云：“血浓于水。”从蝌蚪到人类，已经有大量的有机体观察和实验证明了这一点。

我们的取名方式似乎是最明显的例证。事实上，生物的亲缘本能十分强烈，以至于没有其他任何资源的情况下，同姓就能激发亲属感，哪怕并不存在真正的亲属关系。

然而，姓名并非我们定义族群联系的唯一方式，方言也是一种。方言的历史悠久。正如我们知道的那样，语言的进化让我们可以彼此沟通，也可以更好地共同协作。但是，语言拥有一种异乎寻常的分化能力，能够以惊人的速度分化成很多莫名其妙的方言——这种速度的单位可能是一代人而不是 1 000 年。在某种程度上，代际本身就是语言分化的结果，这并非危言耸听。但是，到底是什么让本是为了便利沟通的东西，天生具有阻碍相互理解的能力呢？

对于这一进化谜题，答案是：方言正是你出生地的一个非常重要的标志。即使是在 20 世纪 70 年代，你也可以根据一个英国人的口音判断出他的出生地，误差不超过 50 公里。实际上，因为方言是人们在小的时候习得的，而且很难在成人后学会，所以方言为判断人们所属的社区和与之有关系的族群提供了有效的线索。方言也是我们用来认同当地社区和族群的社会标签之一，我们据此知道自己可以信赖谁、对谁负有责任。根据杰米·吉尔蒂（Jamie Gilday）的研究，如果人们接到了打错的电话，相较于口音截然不同的情况，听到对方口音与自己相近时，人们更愿意提供帮助。在另一项研究中，我曾经的一个研究生丹尼尔·内特尔（Daniel Nettle）证明，只要方言变化得够快，就能阻止那些利用社会责任白吃白喝的人混迹于人群中。

PART 2

社群的沟通

HOW MANY
FRIENDS DOES
ONE PERSON
NEED?

HOW MANY FRIENDS DOES ONE PERSON NEED?

DUNBAR'S NUMBER AND OTHER EVOLUTIONARY QUIRKS

04

情感的纽带

亲密接触可以成为交流的另一个维度，
这是语言永远无法达到的感觉和情绪的世界。

- 触觉是感觉之中最为敏感和亲密的。触摸几乎是我们在亲密关系中做的第一件事。触觉由右脑控制，右脑是情感中枢。

- 微笑，尤其是在公众场合的微笑，能够非常有效地建立一种联结感。

- 唱歌和跳舞常常是产生归属感、集体感的重要方式，而归属感和集体感在全世界人类的小型社群中都是非常基本且重要的。

人类作为一个物种活得很紧绷，不喜欢被触碰。换句话说就是，我们不习惯与很多东西接触。毫无疑问，触觉是人的诸多感觉之中最为亲密的。触碰这一行为本身胜过千言万语。我们能从他人触碰我们的方式中了解他们真正的想法和意图，话语却达不到这样的效果。语言是变化无常的，可能会被滥用，产生歧义，从而导致彻底的误解。人们在表达中经常词不达意，但亲密接触可以成为交流的另一个维度，这是语言永远无法达到的感觉和情绪的世界。

请温柔轻触

人与人之间有各种各样的亲密接触，如拥抱、轻抚、爱抚、轻拍等。这些与猴子和猿类长时间相互梳理毛发是一样的。和我们通常想的不一样，猴子相互梳毛不是为了去掉跳蚤，甚至也不是为了拣出那些在觅食过程中散落在毛发里的食物碎片和沙砾。尽管梳毛确实起到了清理作用，但它们这么做，其实是一种按摩式的亲密行为。刺激皮肤能激发大脑释放内啡肽。内啡肽是一种和吗啡、鸦片成分非常相近的内生性阿片类物质。它们是大脑的止痛药——内啡肽是疼痛控制机制的一部分，能缓解轻微的疼痛。剧烈的疼痛由快回路与慢回路两个神经回路进行调节。那些比较轻微的疼痛则与慢跑和日常体育锻炼，或者心理压力有关，这一部分由内啡肽系统进行处理。这就是你在晨跑或泡热水澡后会觉得幸福和满足的原因。如果你是有晨跑习惯的人，某天由于某些原因不能晨跑，你可能已经观察到自己这一天都不太对劲，你的朋友可能会发现你比平时暴躁。因为你没有完成晨间修复，所以感到有如突然戒烟一般的痛苦。

与所有的猴子和猿类一样，触摸对人类来说也非常重要。我们非常需要触摸那些与我们很亲密的人，这种冲动无法克制。这几乎是我们在任何一种亲密关系中想做的第一件事情。触摸会带给我们非常强烈的亲密感，即使只是牵手或者挽着别人的胳膊。没有情感联结的触摸其实是显而易见的。当我们说一个人是“冷血动物”时，其实并非没有所指。不管一个人嘴上说什么，他对关怀和亲密的渴望都是很容易观察到的。

在社会生活中，触摸扮演着十分重要的角色。原因之一可能是，对触摸的感知位于我们内心深处的情感中，很难有意地用言语进行表达。我们不知道如何表达它，但我们清楚地知道触摸的含义。它是发自内心的，是埋藏在我们心灵深处原始而简单的直觉。与它紧密相关的，不是近代才进化出的语言中心——左脑。触摸是情感化的，由右脑主宰。

可能正是因为这个原因，我们总是低估触摸在生命中的重要性。坦白讲，这确实是有原因的。因为和负责情感的右脑紧密相关，触摸很容易就可以让我们被唤起，投入性爱中。比如本来你并没有想发生点什么，但在一阵爱抚和亲吻之后，你的身体系统就毫无警觉地切换到了另一种状态。这个时候你还会提醒自己：我本来是不想的，怎么会这样……

可能正是这个原因使得我们不愿意和陌生人有亲密接触，甚至在和那些不太亲密的人相处时表现冷淡。身体的接触很容易就会延伸到我们的内心深处，尽管有些时候我们自己并不想达到那样的效果，只想表现得更冷酷一些。所以，为了避免突然不受控制地动感情，我们宁愿退回到安全的地带，选择保护自己。

每天开车去上班时，你相信街上骑摩托车的人会遵守交通规则，一直保持各自的行进路线，不会突然朝你冲过来。这看起来很正常，但事实上，这是因为我们已经将规范自己生活的信任视为理所当然的。我们的整个社会都依赖于信任。在阿姆斯特丹全球最大的珠宝市场里，信任的运行曾完全基于“君子协定”。价值数百万英磅的珠宝价格，完全依靠买卖双方握手的强度决定。如果有一位戴礼帽的先生试图欺骗，他一定会被打断腿。而其运行的核心在于，一个几十人的小社群里，人们之间的关系亲密且相互信任。他们只在彼此间进行交易，如果你不是其中一员，就别费力气了……你连货真价实的东西都不可能看到。

日常生活中到处存在着信任，但也不要将信任看得太玄乎，几瓶啤酒或许就能让你与陌生人之间产生信任。一直以来，就有一种假设认为，信任是基于某种互惠的——如果我帮你，你也会帮我。现在看来，信任有它的化学基础。这种化学因素是一种叫作催产素的不起眼的小东西。瑞士苏黎世大学的一群经济学家最近发现，使用含有催产素成分的鼻喷雾剂就能让人们更愿意与其他玩家分享奖金。

在这个实验中，一位玩家（投资人）会得到一笔钱，同时他要分配这些钱，决定分享全部或部分，甚至完全不给第二位玩家（托管人）。无论投资人给托管人多少钱，这笔钱都会增加一倍，然后，托管人要决定全部给回投资人还是完全不给投资人。当然，投资人的风险在于托管人可能会独吞这些钱。但是，如果投资人信任托管人，他们就可以达到双赢的结果：投资人最初将全部的钱都交给托管人，然后托管人留一半，退回一半给投资人。但是，大多数投资人都抱着赌一把的心态交出了一部分，而不是全部。

然而，如果投资人在做出投资决定前被喷了催产素喷雾，他们愿意分享的金额就比控制组（喷了安慰剂）的投资人提高了17%。但是当实验者再次测试托管人的分配行为时（和之前实验中托管人的表现一样，他们将钱全部占为己有的比例是一样的），催产素组和安慰剂组的投资人的分享意愿并没有什么差异，所以这显然是信任的作用。换句话说，这不仅关于简单的投资风险，更多的是投资人对人之行为的理解。

这个实验最有趣的地方在于，催产素出现在了其他重要的社会情境之中。催产素往往会在性爱过程中和之后大量释放，让我们全身每个部分都产生一种深深的依恋感。通过对单配型和多配型的田鼠进行比较发现，这个物种的单配制的基础在于对催产素的高度敏感。而对催产素的敏感也促成了老鼠筑巢和抚育幼仔的行为，以及绵羊的母子联结。

当然，这并不意味着我们的生命完全由化学元素主宰。而重点在于：这些化学元素创造了一种对某些线索非常敏感的神经环境。比如半个世纪以来，我们都知道“战斗或逃跑反应”的背后是激素肾上腺素的作用——这种激素的释放可以让身体为反应做准备，但具体选择逃跑还是战斗，则取决于个体对环境的感知。

基于同样的原理，在苏黎世大学的实验中，有些被喷射了催产素的投资人，相比控制组却变得更谨慎小气。这种现象很可能反映了两种补充效应的结合。一种效应就是每个人对催产素敏感程度的差异，例如女性对催产素会比男性更敏感。另一种效应是，即使投资人因为体内激素的作用注意到了托管人释放出来的诚实暗示，个体对这种暗示的敏感程度也存在着差异。

微笑才是灵丹妙药

我曾经参加过在伦敦举办的一次管理咨询大会，会上聚集了来自企业和政府各个部门的 60 多人。在例行的面包咖啡早餐之后，我们被召集到旁边的一间屋子里坐了下来。屋内的椅子围成一圈，这样每个人都可以面向房间的中心。我们大概静坐了 5 分钟之后，每个人都开始寻思来这里到底要干什么。

最终，组织者站了起来，说了一些什么“我相信……”之类的话。这一举动让在座的人更加不安了，尤其是那几位明显是从英国政府部门溜出来的西装革履的绅士。他们肯定在嘀咕，在明明能为国家做贡献的时候，自己到底来这里干什么……

慢慢地，有一两个人开始加入，含含糊糊地说了一些自己的想法。

然后有人站起来说:“我相信我们所有人都在想这到底是在干什么!”然后,在场所有人突然发出一阵笑声。从这一刻起,气氛就变得截然不同了。我们成功破冰,从一群陌生人变成了好兄弟(当然也有好姐妹)。

笑,尤其是公众场合下的笑,能够有效地建立一种联结感,而不仅仅是缓解紧张气氛。如果你去剧院看喜剧,就会发现这一点。笑了一个小时之后,你会非常兴奋,感受到放松、平和,内心充满宁静。你会毫不犹豫地转向陌生人,热情地跟他们攀谈。在这几分钟的交谈里,你可能会自愿透露出一些个人信息,而在一个多小时前,你是绝对不会想到要透露这些信息的。

你将会对陌生人更加慷慨。当马克·范伍格特(Mark van Vugt)和同事们在肯特大学里让被试分一些自己的钱给搭档时,相比于与那些不认识的人分享,被试更倾向于与朋友分享。但是,如果看完一段喜剧视频并和陌生人一起“笑”过之后,他们对陌生人会像对朋友一样大方。虽然不知道原因是什么,但笑确实能把陌生人变成朋友。

事实上,这件事情已经不太神秘了。捧腹大笑能非常有效地激发内啡肽的释放,这可能是因为笑的时候,肌肉要非常艰难地实现胸部的起伏。我们将这种痛苦的情况视为释放内啡肽的阈限。当被试在小组里分别看过悲剧和喜剧视频之后,我们测试了被试的痛苦阈限。内啡肽是身体疼痛控制系统的一部分，如果被试在大笑后激活了大脑中的内啡肽，他们的痛苦阈限就会提高。结果表明，看过喜剧视频并捧腹大笑的人会有更高的痛苦阈限，那些看了悲剧视频的被试的痛苦阈限则没有什么变化。

我觉得笑是人类的一种非常原始而古老的特征。尽管我们和黑猩猩一样都会笑，但心理学家罗伯特·普罗文（Robert Provine）还是发现了一些不同。对黑猩猩来说，它们的笑是呼气和吸气的简单交替——“哈啊哈啊哈”，而我们的笑是更有力的呼气，没有吸气——“哈哈哈哈”。我们有社会性的笑，而黑猩猩只有一种典型的笑——它们在社会互动，尤其是玩耍的时候会笑，但不会像人类那样大家一起笑。除此之外，人类会用语言（以笑话的形式）引发大笑。如果不讲一两个段子，谈话该多么无趣啊！

而且，笑显然是发生在语言进化之后的一个晚期结果。但最早的笑及其社会属性肯定发生在非常古老的时代，也许是从100万年前的直立人进化而来的，是人类真正诞生的前兆。笑很有可能是齐鸣的一种形式，齐鸣则是一种没有语言的集体吟唱。我认为，它的功能同样也是产生内啡肽，就像触摸和梳毛一样。我的猜测是，这种社会属性的笑是黑猩猩式笑的进化版本，是我们的早期祖先直立人在突破了社交性梳毛的局限之后，为了完善彼此间的亲密纽带而形成的机制。

音乐可以给我们爱

当然，笑并不是我们产生内啡肽的唯一方式。

你会不会听到一首曾经熟悉的老歌，心中涌起某些说不清道不明的情绪？对我来说，那些老歌可能是巴迪·霍利的组曲，或是巴赫的《勃兰登堡协奏曲》，也可能是悠扬的风笛组曲。为什么音乐可以打动我们呢？

让人讶异的是，音乐直到最近仍然是现代科学的未知领域。因为它过于微小，所以真正的科学家都不屑于染指它。正如语言学家史蒂芬·平克所言，音乐就是“进化中的芝士”。但是，进化生物学家总是不厌其烦地指出：能让一个物种投入那么多时间和金钱的事情，绝对不可能只是微不足道的副产品。只要动物在一件事情中投入大量的时间和精力，这件事通常都具有非常重要的生物学意义。

最早由达尔文提出的一种观点认为：音乐是一种性宣扬的方式，有别于鸟类的叫声。可能你会问：“为什么音乐创作和演奏方面的天分对我们欣赏音乐意义重大呢？”事实是，当你能演绎或哼唱出复杂悠扬的旋律时，你可能吸引到的伴侣的基因质量就已经有谱了。似乎就是这样。

正如达尔文在他的伟大著作《人类的由来及性选择》（*Sexual*

Selection and the Descent of Man）里说的一样，性选择是进化过程中一股非常强大的力量，它能够将最微小的特征放大，使其变成决定物种命运的重要特征或是保证日常生存的基本条件。孔雀的大尾巴导致它飞得更低，因而大大增加了被捕食的危险。但这样的牺牲也换来了求偶的成功。雄性孔雀开屏就像在说："快看我！多漂亮！你看我拖着我的大尾巴，还击败了捕食者！"拥有绚丽尾巴和更多眼状斑点的雄孔雀确实能更好地吸引雌孔雀的注意。这是动物世界研究中一个非常典型的例子。

其他一些研究也证实了这个观点：对我们来说，音乐也具有这样的功能，不只是流行歌手的性吸引力可以证明。进化心理学家杰弗里·米勒（Geoffrey Miller）发现，一些爵士音乐家、流行音乐人和古典作曲家人生中性活跃的阶段，也是音乐作品最为高产的阶段。这并非个案，维瓦尔第在威尼斯圣母孤儿院少女合唱团当指挥时非常努力，而这个合唱团的许多成员都嫁给了富人，完全可以归功于她们在维瓦尔第指挥下的音乐表现。

为了更加准确地测试这个观点，我的学生柯斯塔斯·卡斯卡蒂斯（Kostas Kaskatis）回顾了19世纪欧洲古典音乐家，以及20世纪60年代的摇滚明星。研究发现，这些音乐家在结婚后，创作新作品的数量急剧下降，而在分居、离婚后或在寻找新伴侣时，作品数量就会回升。一旦他们找到了新的伴侣……是的，作品数量就会再次下降。

好吧，可能就是这样吧。而另一种可能是：音乐本身就是社会纽带的根源。音乐激发情感是一种非常原始的本能。阅兵场上的人都知道，在一群军人中建立众志成城、齐心协力氛围的最好方法就是音乐。

最近针对大脑的扫描研究发现，音乐似乎可以刺激大脑右半球前端最深处的本能核心。严格来说，你的左脑对意识过程更加活跃，因此它在语言中非常重要，而你的右脑在非意识过程，以及更加原始的情绪过程中更加活跃。

一项研究发现，音乐可以诱发内啡肽的分泌。对于社会联结中非常重要的幸福感和满足感，内啡肽的分泌有重要作用。我们不难观察到，唱歌、跳舞常是激发归属感、集体感的重要方式，而归属感和集体感在全世界人类的小型社群中都是非常基本且重要的。没有什么能比同乐会更有号召力了。

当然，这并不是说达尔文就是错的。这解释了为什么音乐的创作和情感的进化本来是有其他目的的，性选择却想方设法让它为自己服务。进化总是这样，这样的例子在动物世界中比比皆是。但是从根源上说，音乐的真正起源和功能应该是社会群体的联结，而这可能也证实了语言本身的起源。

HOW MANY FRIENDS DOES ONE PERSON NEED?

DUNBAR'S NUMBER AND OTHER EVOLUTIONARY QUIRKS

05

语言的魔力

流言蜚语成就世界。

- 女性的谈话主要是为了维系自己的社交圈，在永恒变化的世界中建立和经营复杂的关系网络。男性的对话更像是吹嘘，他们总是谈论自己或者自己非常擅长的事情。

- 语言的进化能让我们整合大量的社会关系。谈话能让我们交换不在场者的信息。

- 我们热衷于讲故事，很多故事与我们自己的身世有关。这些故事让我们了解社会，为我们创造了一种归属感。

为什么我们如此着迷于他人的八卦呢？为什么我们热衷讨论明星、皇室成员、政要的私人生活呢？为什么稳居报纸头版的都是苏丹达尔富尔的饥饿儿童，或者饱受战争蹂躏的索马里和伊拉克城市呢？答案很简单：流言蜚语成就世界。

他她她综合征

你昨天花了多长时间讨论那些乱七八糟的消息？我敢打赌是小半天。那你们都说了些什么？你可能会说："也不是很多，但是它并非完全没有意义。"这是一件有趣的事情：我们跟人在一起的时候，总觉得沉默很尴尬。我们总是努力找些话题，但都没什么意义。你也经常会这样吗？

那么，我们为什么会这样呢？

有一种答案是，语言是一种梳理毛发的方式。对猴子和猿类来说，梳毛不是标准的卫生行为，但也不只是表达承诺。它更像是在表达一种信息:“我宁愿在这里与你一起梳毛，而不是跟珍妮弗在一起。”当然，我们经常也会这样厚此薄彼，但这是所有亲密关系的基本特征。亲子、爱人、朋友，所有这些关系中，人们都愿意花时间相互爱抚、触摸和梳理头发。总之，身体上的接触是社群生活中一个重要的组成部分。

人类还有语言。这是一种远距离的相互梳毛，在很多方面达到了与梳毛同样的效果。语言能让我们做出重要的承诺:“我觉得你太有趣了，我愿意与你聊天。”别管莎士比亚和歌德作品中那些华丽的辞藻，现实世界中每天的真实对话就是一种直白而诚恳的整饰。

当然，语言不仅可以表达承诺，还可以让我们互相交换信息。猴子和猿类在交朋友、判断谁不可靠或者决定跟谁约会的时候，只能依据直接观察。但是人类可以根据二手甚至三手的信息进行判断，这也极大地扩展了我们掌握的社会知识的范围。

如果留心听一下旁边人的谈话，你马上就会发现：人们谈话中的大部分内容都在围绕社会性的事情展开。有时候是自己的事情，有时候是别人的事情。这就是“他她她综合征”（Harry-met-Sally-met-Susan syndrome）。

但是，没有无缘无故的进化。交换有关“谁在什么时间什么地点做什么”的信息，也让人们能做出穷凶极恶的事情来。总之，吹嘘可能是世界上最古老的职业，我们都曾经擅长于此。如果你不相信的话，可以仔细听一听旁人的对话。

男性和女性的交谈中有非常明显的差别。就好像张三喜欢同李四讨论，王五就喜欢与赵六聊天。你会觉得，每个人都是有刻板印象的。好吧，或许是吧，当然无风不起浪。但真正有趣的问题在于：为什么会这样呢？

男性和女性的话题往往截然不同，因为他们有不同的规则。如果你仔细听他们在讲什么，你很快就会发现：女性的谈话主要是为了维系自己的社交圈，在永恒变化的世界中建立和经营复杂的关系网络。与每个人约在一起讨论近况才能证明她们是值得交心的群体中的一员。这不是无谓的闲聊，而是社交旋转木马的核心，也是自身创造的社交的基础。

相比之下，与其他的事情一样，男人们的对话更像是吹嘘。他们总是在谈论自己或者自己非常擅长的事情，这就像是雄孔雀展示尾巴的语言版本。雄孔雀在它们的地盘上猎艳，只要有异性投来目光，它们就会亮起自己绚丽的尾巴。雌孔雀徘徊流连在雄孔雀之间，根据雄孔雀的特征做出择偶的决定。

对人类来说，这一切都是通过语言完成的。就像雌孔雀一靠近，雄孔雀就开屏一样，女人在场时，男人也会开启吹嘘模式。你可以试试观察同一个男人，在只有男人的场合和有女人的场合下有什么差别。有女人的场合下，他的谈话风格就会明显不同，变得更加爱炫耀，更加幽默。但是，除此之外，你还会发现技术和其他“知识性”的话题会变得更有攻击性。这是一种竞争，也是一种宣言。语言就是这么神奇的东西。

从妈妈语看语言的进化

美国人类学家迪安·福尔克（Dean Falk）已经证明，语言可能是通过母亲唱歌传递给孩子的。女性在与婴儿说话时会很自然地使用特殊的形式，这被称为“妈妈语”，它具有很多音乐的特性——简单的韵律，可以上升和下降两个八度的非常夸张的歌咏语调，以及明显高于正常讲话的音高。下次看到一个母亲和她的宝宝说话时，你可以仔细听一听，说不定会听见远古的回声。哦，也别忘了看宝宝。这种独特的音乐形式可以让婴儿保持平静，婴儿似乎也能够发现妈妈语的魅力，脸上浮现出微笑。而这也是内啡肽的魔力，以及它在建立关系联结中发挥的作用。

妈妈语的重要作用绝不限于安抚婴儿。对于孩子能多快达到发育标准，妈妈语的作用也至关重要。当时还是剑桥大学一名生物人类学研究生的玛丽里·莫诺（Marilee Monnot），观察了 52 位母亲和她们的新生儿第一年的成长。莫诺发现，那些母亲用更多妈妈语的孩子会比少用妈妈语的孩子成长得更快，更早达到发育的标准，比如微笑。这很惊人啊！

猴子和猿类的母亲都不会对着自己的孩子哼唱，它们甚至不会晃动孩子，这些行为似乎都是人类特有的。我们已经不难看出妈妈语的影响了，但至于这种影响具体何时发生还很难说清楚。如果说轻轻哼唱可以安抚孩子，并且让宝宝更加平和健康，那么母亲就有足够的压力去这么做。但是为什么人类会这么做，我们的近亲类人猿却不这么做呢？答案肯定与这一事实有关：如果我们想让大脑的大小达到猴子和猿类那么大，人类的怀孕周期还要再延长一年。相比之下，类人猿的新生儿几乎可以自己照顾自己，人类婴儿则需要多得多的照顾，直到一岁生日时才能达到一个新生黑猩猩的发展阶段。因为人类父母需要忍耐更多去照顾自己的孩子，所以我们必须要有一种安抚孩子的机制。

这或许给了我们一个有关进化时间的提示。如果说脑容量最后的大幅度提升是为了应对生育模式的变化，我们或许可以定位到大约 50 万年前古人类出现的时候，这可能和音乐起源的时间是重叠的。妈妈语可能是音乐的先驱，或者说是从音乐到语言之间的过渡阶段。

妈妈语并不是一种真正的语言。尽管它包含了一些单词，但也并非必需的。妈妈语通常都是一些无意义的音节，它和儿歌、童谣有很多相似之处——韵律、头韵、押韵等。妈妈语比语言的进化更早，它更像是无言的歌唱或哼唱，与纯音乐类似。在这个方面，妈妈语和船歌有很多相似之处。它和优秀、独特的声乐也非常相似，就像苏格兰外赫布里底群岛上女人们的高地民谣一样。其中一部分是没有意义的音节，还有一些蕴含着朴素的智慧，它们并不是在贫穷和辛劳中的自怨自艾，而是反映了其中丰富的生活。这些优秀的民谣已经被女人们传唱了几个世纪，她们在编织粗花呢桌布时，忙中偷闲就会哼唱这些动人的歌曲。通过口头上的代代相传，这些民谣已经成了伟大而独特的传统。我在想，这是否也是语言使用的开端——女人们围坐在篝火旁或出去寻找果实的时候都会哼唱。伴随歌唱发生的，还有激发内啡肽的分泌：很多声音都有启发作用。

语言的进化能让我们整合大量的社会关系，而且这一作用是通过我们交流不在场者的信息实现的。换句话说，通过与一个人聊天，我们可以知道其他人如何行动，知道在遇到这些人时应该如何应对，以及他们和第三方有着怎样的关系。所有这些让我们得以在群体内更有效率地整合社会关系。这在庞大而分散的组织里尤为重要，而庞大而分散正是现代人类的特点。

这也可以解释我们对报纸上那些社会八卦的兴趣，以及为什么八卦占据了人类对话的大部分内容。即使是在大学的咖啡厅等一些地方，人们的话题也会在学术问题和个人八卦之间摇摆。为了了解八卦有多么重要，我们在大学食堂里进行对话监控，对 32 段谈话的主题进行了打分。结果是，社会关系和个人经历占到了对话时间的 70% 左右，而其中有近乎一半的话题都围绕着第三方（不在场的他人）的关系或经历展开。

此外，我们还发现，男性更倾向于谈论自己的关系和经验，而女性更愿意讨论别人的事情，这表明女人进化出了社会联结的语言情境。大多数人类学家都认为这种情境应该在雄性之间进化，比如在狩猎的情境下。而基于对他人关系了解的女性联系，更加匹配以女性关系为主导的灵长类动物的社群结构。

聊天能让我们交换不在场者的信息，这一点非常重要。这使得我们知道如何跟素未谋面的人相处，或者在面对这些情况时该如何应对。语言能让我们更容易地对他人进行分类，我们能学会跟某一类人相处，而不是像灵长类动物梳理毛发时那样，只限于某一个体。我们可以给人们做特殊标记，比如项圈、白大褂或蓝色头盔，以便采取对应的行为，即使我们从来没见过他们本人。如果不知道这些，我们可能需要好几天时间，先搞清楚关系的基础。

通过制造网络、人群分类和社会习俗，我们可以扩展自己的社交圈，而这反过来也让我们创建了大型社群。当然，这种关系肯定会让我们在与未曾谋面的人交流时，避免最基本的社交失礼。值得注意的是，如果在非常重要的关系中面临真正的紧张时，我们总是会放弃语言，而转向灵长类动物们使用的古老的交流方式——直接动手。

我们现在要说的是，理解和解释人类语言的进化也能让我们了解人类的其他行为。它可以用来解释为什么我们着迷于谈论他人的八卦，为什么人类社会会等级化，为什么讨论小组总是只有那么几个人，为什么灵长类动物的脑容量会大于其他哺乳动物，而且它符合了一种普遍的观点：语言的进化源于智人的出现。

当然，这一理论还是无法解释为什么我们的祖先必须以 150 人左右为单位群居。这种规模看起来不像是要抵御外敌（大多数非灵长类动物才会出于这种目的群居），因为人类群组的规模远远超过了其他灵长类动物。事实上，这很有可能和资源的管理或防御有关，尤其是对于分散的资源，比如游牧狩猎的人必须在每年的特定时间依赖某些水源。

讲故事创造归属感

语言对于我们的一项特殊活动也至关重要，这就是讲故事。全世界的人都会讲故事，也爱讲故事，自古以来就是如此。故事不是只言片语的闲话，而是围着篝火，在一定的仪式场合中，以非常正式的结构进行讲述。有些故事非常古老，比如 2 000 多年前的伟大印度史诗《摩诃婆罗多》，或是 500 年前《旧约》和《薄伽梵歌》中的故事，以及几个世纪之前荷马的伟大史诗《伊利亚特》和《奥德赛》。生活在澳大利亚大陆南部海岸的原住民似乎有着更加古老的故事。这些故事准确描述了将塔斯马尼亚从澳洲大陆分离的巴斯海峡的海底景观，十分惊人。在 12 000 年前冰河时期结束时，澳洲还是一片干燥的大陆。

那么，我们为何对故事如此痴迷呢？

原因之一在于，很多故事都与人类的身世有关——我们从哪里来？我们为何会成为现在这样？这些故事可以让我们了解社会，为我们创造一种归属感。

共同的知识本身就是社会成员的重要标志。当我骂“笨蛋右外野手失手丢球”时，如果你立刻理解了我的意思，我们就属于板球球员和球迷的群体。通过这样一个简单的事实就可以肯定：我们之间很有共鸣，因而愿意进行一些必要的交流和交换。我们有共同的世界观，表明我们遵循着同一套行为准则。这可能源于我们深刻的过去，共享这些认识的人会住在一起，肯定也是相互关联的。所以，发现彼此之间有共同的知识与信息，可以在我们之间建立一种即时的联结，让我们与人群中的其他人区别开来。这可能是我们为什么如此热衷发明术语的一个原因——它让我们变得特殊，成为一个了解宇宙深处秘密的团体。没有什么会比一个好秘密更能达到这样的效果了。

虽然讲好一个故事能引人入胜，但是能围着夜晚的篝火讲故事才是最美妙的。人类好像特别喜欢在晚上讲故事，全球所有的文化中无一例外。那么，为什么黑夜会让故事变得更加生动诱人呢?

如果说因为工作一天后，能在晚上坐在篝火旁是你一天最放松的时刻，反正没什么事儿干，总要找点事情填满睡前的时间，这还不足以解释。这一解释不具有说服力，因为如果真的没有事情可做的话，我们可以像其他猴子或猿类一样，天一黑就上床睡觉。然而，我们并没有，我们在夜里交谈。更重要的是，这其实是非常重要的社交时间，我们愿意在这个时间请人吃饭——即使是在没有工作的周末，明明可以邀请他们吃早茶、午餐或者下午茶的时候，我们还是会请他们吃晚餐。当然，我们有时候会在晚上围着篝火做一些家务，比如做手工、缝补衣服或修理狩猎工具。然而，我们做这些事情的时候还是会讲故事。

或许是因为心理和氛围合适，或许是因为讲故事的人认为在黑暗中更容易影响听众的情绪，又或许是因为这些故事中很多讲的都是神话人物，在白天讲不太可信。这些故事需要一些不确定的阴影，让我们感受到危险（自然天敌或他人的劫掠）带来的脆弱感，从而轻而易举地进入“回避距离”（回避距离指在某个范围内，一旦发现敌人，我们就会逃跑的距离）。或许对一个有技巧的故事大王来说，晚上更有利于他影响听众的情绪。

PART 3

社群与心智

HOW MANY FRIENDS DOES ONE PERSON NEED?

HOW MANY FRIENDS DOES ONE PERSON NEED?

DUNBAR'S NUMBER AND OTHER EVOLUTIONARY QUIRKS

06

智力让人类成为最成功的物种

没有什么比成功更能培育出成功。

- 智力、健康和死亡率是相互关联的，但是其中的关系并不明确。

- 我们需要学会接受风险，并在意外发生时，不那么任性和苛责。生活中充满了风险，如果总是希望一帆风顺，在遭遇挫折时又求全责备，那是无法心怀感恩的。

- 教育不仅仅是对学科深奥知识的技术培训，还是训练如何思考和评价，如何为了支持和反对某种立场提供证据，如何在不受偏见和预先影响的情况下批判性地思考一个问题。

当然，从根本上说，正是智力让人类成了史上最成功的物种之一（如果我们不计入大多数甲虫的话，因为迄今发现的40%的动物物种都是甲虫）。但公平地说，如果没有非凡的思考问题的能力，并在过去的基础上不断积累知识的话，人类就不会有遍布各个大洲的足迹，不会修建长城、发现镭元素，也不会有巴赫的清唱剧和莫扎特的歌剧，更不会有登月和互联网。除此之外，聪明也给人类带来了各种意想不到的后果，我们不应该对此冷嘲热讽。

聪明点，就活得久点

如果你出生在1921年的苏格兰，那么智力可能会让你想起1932年6月1日那个星期三。这天并不是特别富有戏剧性的一天：没有看足球决赛的人群涌向巨大的足球场，没有意料之外的夏季风暴袭击西部岛屿，福斯桥也没有倒塌。事实上，那是一个夏日里平常的一天。

但那天你参与了一件非常独特的事情。你没有像往常一样在学校尽情玩耍，而是被带到了一个大厅里进行智力测试。也许你现在记不清当时的细节了，它在生命中更为重要的起起落落之间变得模糊。但事实上，你参加了一个了不起的实验。所有在 1921 年出生的苏格兰学生都和你一起参加了这场测试。这是一个完整而独特的记录，记录了一个国家的人口在某个特定时刻的学习能力。

这些年来，你当时认真回答的测试结果并没有白费，它们已经成为研究人员的金矿。最引人注目的发现之一就是智商、健康和死亡之间的联系。事实上，如果你现在正在读这本书，部分原因就是，你可能是 1921 年出生的最聪明的孩子之一。当然，我们早就知道，智力、健康和死亡率是相互关联的，但我们一直认为这种联系是间接的——它们与社会剥夺和教育机会相关。现在，由爱丁堡大学的伊恩·迪里（Ian Dearie）领导的一项重要研究发现，一个人 11 岁时的智商与他是否能庆祝 85 岁生日的概率有更直接的联系。

得出这一结论并不是一件容易的事。迪里和他的团队成员必须追踪那些参加原始研究的人的生命记录，将死亡记录与被试相匹配，这样才能确定谁去世了，谁还活着。早期的一项基于 2 800 名阿伯丁人样本的研究，提供了证明智商会对人能否活到 70 岁产生影响的首个证据。但这些数据无法将社会经济匮乏与智商的影响区分开来。20 世纪 70 年代，一群生活在佩斯利和伦弗鲁的人曾在 1932 年的第二次研究中接受了智商测试。后续研究主要关注的是健康、就业和贫困水平。

从佩斯利和伦弗鲁的研究中，研究者找到了 549 名男性和 373 名女性，这些人在 1932 年参加过爱丁堡大学莫雷教育学院的智商测试，1970 年又参加了中年健康测试。在接下来的 25 年里，他们的生活则由全英国范围内的记录进行追踪。

智商是以整体人口的 100 为均值进行标准化的，2/3 的人智商在 85~115 之间。迪里对 1932 年莫雷教育学院研究数据的分析发现，当社会经济阶层和社会剥夺在统计上被控制时，在 11 岁的时候，智商每下降 1%，就意味着在 77 岁之前死亡的概率增加 1%。智商在我们通常认为的“正常”范围内最低值的人，庆祝 77 岁生日的概率比智商为 100 的人低 15%。

在社会经济地位较低的群体中，这种效应更加强烈，也印证了经济剥夺影响健康的著名效应。然而，这也清楚地表明，社会、教育和经济剥夺并非与智商相关的死亡原因，尽管它们显然都产生了一定的影响。事实上，原因应该在人体的器官中去寻找。

最有可能的解释是，智商是一个衡量早期发育因素的指数，它为我们提供了所谓的“有机完整性”，即身体所有系统的有效性。例如，我们现在知道，胎儿在母亲子宫内的经历会影响其患冠心病的概率，以及成年后死于心脏病或中风的风险。我们也知道，这些风险与出生时的体重有关，而体重也在一定程度上反映了胎儿在子宫里的经历。出生时体重太轻会影响儿童的学习能力和智商。

电影《美丽心灵》是致敬天才数学家约翰·纳什的，纳什是数学领域中“纳什均衡”的发现者，并在1994年获得了诺贝尔经济学奖。但头条新闻没有告诉我们的是，在美丽心灵的背后是否有一个美好的身体——不仅仅是电影中扮演纳什的罗素·克劳（Russell Crowe），实际上，在我看来，学校里我所知道的那些苦读者并非都是枯燥、丑陋或不协调的。许多人都身形优美，擅长体育运动。

现在看来，这并非道听途说。爱丁堡大学的心理学家蒂姆·贝茨（Tim Bates）在一个超过250人的样本中发现，智商和身体对称（基于手指、手臂和耳朵长度的左右对称）之间存在着一种细微却显著的关联。我们认为对称是美的组成要素之一。因此，一般来说，美丽的人似乎更聪明，尽管许多其他因素会影响一个人的表现。

这还会带来一些连锁效应。现实情况是，不仅身高更高的人在社会和经济生活中更容易成功（即使在华尔街和英国金融市场中做同样的工作，身高更高的人也挣钱更多），现在看来，这种关联还发生在智商方面：最近的一些研究证明，在成人世界中，智商和成功之间存在相关性。一项研究使用了美国“婴儿潮”一代的纵向样本（在这个案例中指的是 1957 — 1964 年之间出生的人，代表了第二次世界大战结束后生育高峰的尾声）。研究发现，智商每增加一分，人们的收入就会增加 234~616 美元（尽管这并不一定会影响总财富）。其他研究也得出了类似的结果，并且父母的社会经济地位也有影响。很明显，你要谨慎地选择父母，但就算选择失败了，只要足够聪明，你仍然可以通过自己的努力来实现自我。

然而，可能会带来更大打击的真相是：不仅漂亮的人会更富有，实际上他们的生育能力也会更强。几年前，来自华沙大学的波兰同事博古斯拉夫·帕夫洛夫斯基（Boguslaw Pawlowski）和我分析了一个大型的波兰医疗数据库，结果表明，高个子的男人不仅更有可能结婚，还会有更多的孩子。

在进化方面，他们有更高的适应性，对物种基因库的贡献更大，比个子矮的人更强。纽卡斯尔大学的丹尼尔·内特尔后来在英国的一项纵向研究中发现了同样的结果，这个纵向研究从样本出生以来就一直在进行。这些样本在 50 多岁的时候就已经完成了大部分生育。

过去我们认为，这仅仅是因为高大的男人更有吸引力，所以更容易找到伴侣并生育孩子。然而，现在看来，漂亮的人生育能力也更强一些。伦敦国王学院的罗斯·阿登（Ros Arden）和同事使用美国军方的样本研究后发现，对称性与精子数量和精子活力有关。漂亮的人生育能力也更强。人生就是如此不公平。

健全的精神寓于健康的身体

20 世纪 60 年代，牛津大学有一种说法：某个学院的导师们会在申请者进入面试室时朝他们扔橄榄球，以此来评估这些未来的大学生。笨手笨脚接不住球的人会被淘汰，而能够抬脚把球踢进废纸篓里的人就能获得奖学金。当然，这样的甄选行为遭到了那些自命不凡的其他学院嗤之以鼻。

但我似乎觉得，在学术排行榜上，这个学院的表现丝毫不比那些采用正统招生方式的学院差。事实上，评论家们如果看到 20 世纪 70 年代公布的一项长期教育成果的研究结果，就会彻底保持缄默。这项研究表明，典型的成功者并非汉密尔顿笔下的比利·邦特尔（Billy Bunter）那种传统的戴眼镜的天才，而是全能的。对成功者来说，无论是体育还是考试，他们似乎在任何事情上都非常成功。而且更让普通人受伤的是，就连社会生活中他们也同样成功。

毫无疑问，这个令人惊讶的结果在一定程度上反映了这样一个事实：没有什么比成功更能培育出成功。但我想知道，过去的教育学家的格言是否说过健康的头脑存在于健康的身体中——“健全的精神寓于健全的身体”。这并不是说运动天分好就一定是智力上的天才。但大量参与体育运动可能会为我们在智力上取得成绩提供重要基础。原因可能与今天的一种内分泌术语有关——内源性阿片。

内源性阿片或内啡肽，就是人体自身的止痛药。当身体受到压力时，大脑附近就会产生大量内啡肽，从而使我们免受组织损伤带来的痛苦。这一系统的设计可能是为了让身体在功能受损的情况下继续正常工作，因为受伤可能会导致动物被捕食者抓住。但是，止痛药和智力活动有什么关系呢？答案也许在于我们经常称之为“智力努力”（intellectual effort）的东西。

数个世纪以来都流传着这样一种迷思：天才总是不费吹灰之力就能创作出天才的作品。笛卡尔也因此遭受微词。他在各方面都粗浅涉猎的生活方式，使得他总是习惯性地在床上躺大半天，而在下午炮制出大量天才作品。T. E. 劳伦斯也做过同样的事，他声称在整个本科生涯中，他只听过十几次讲座，然后就非常轻松地从牛津大学顶级学院（耶稣学院）获得了一个一流学位。

但我的印象是，这些说法存在 97% 的虚张声势。天才总是把大量的艰苦工作隐藏在幕后，比如在大学图书馆里学习。劳伦斯对中世纪十字军城堡的著名论断（他写了一篇关于巴勒斯坦的考古发掘的重要报告）并非神启。我的猜测是，笛卡尔每天早上躺在床上的时候也做了很多事情。事实上，他所做的事情可能正是每一位优秀的数学家所做的——让潜意识持续琢磨某个问题。

这让我回想起了阿片类药剂，它们能够缓解身体和精神疲惫造成的痛苦和压力，其中包括长时间高度集中的阅读、面对他人晦涩的代数证明和自己失败的实验所带来的不适，眼睛疲劳和头痛等。那些天生具有高内啡肽水平的幸运儿可以相对轻松地应对，在其他人已经精疲力竭的情况下，仍能保持清醒，渴望继续前行。

现在，提高内源性阿片水平的一种方法是定期积极锻炼。当然，我并不是说锻炼能把每个人都变成天才。显然，自身一定的智力水平也是必需的，比如记忆力和逻辑思维能力，这些都属于一般智商的范畴。我想说的是，我们在提到智商时，可能忽略了一个重要的因素，即耐力。那些脑子聪明的人也必须全力以赴，方能获得成功。

这就又为我们提出了一些有趣的问题。数学老师在开始做矩阵代数的证明演讲前，应该先做十分钟的高级健美操吗？在生物学领域工作的人整天在野外勘查，相对于英国文学那帮久坐不动的同事是否更有优势？大脑内的高内啡肽是否应该算作脑力工作者的一项必要条件？未来的雇主是否应该对你的锻炼习惯更有兴趣呢？

也许下次，当别人得到了你非常想要的工作时，你不应该看他们的资质证书，而应该在这些人走进面试室的时候，尝试检查一下他们西装下是不是有大块的肌肉。

我们可能也会因此重新考虑如何教育自己的孩子。身体锻炼已逐渐跌落出孩子的活动列表了，一部分是因为某些相当奇怪的平等观念（“每个孩子都该得到一块奖牌”的心态），并且在如今诉讼越来越多的时代，学校和当地教委都因为害怕被起诉而如履薄冰。但是，如果锻炼和学习之间真的存在一种关系，现在的做法显然不够明智，因为所有人都会因为少数人的愚钝和贪婪而受苦。真正的问题是，我们需要学会如何接受风险，并在意外发生时不那么任性和缺乏责任感。生活充满了风险，如果你总是享受着一帆风顺，却在出错时总求全责备，是无法心怀感恩的——世界各地的银行家显然没有给人们上好这一课。如果意识不到这种短视行为，从长远来看对我们的孩子没有任何好处。

学习的机遇与挑战

尽管存在内在优势，但只有聪明是不够的。拥有爱因斯坦的智商也不过就像拥有一台有史以来最大的计算机：这当然非常厉害，但如果没有软件，这台厉害的计算机也将一无是处。教育仍然是关键因素。如果不把知识和技能组装到脑中并使其运行，单纯的智商是无法让你获得成功的。正如牛顿所说，教育可以使我们站在巨人的肩膀上。知识，尤其是科学知识，是需要累积的。

尽管科学和宗教在近代有过各类激烈的冲突，但历史上最成功的教育实验其实是在宗教的授意下进行的。在19世纪早期，为了确保每一个人都能读懂《圣经》，苏格兰加尔文教的长老会创造了当时世界上最好的教育系统。18世纪末时，苏格兰的识字率达到了70%，当时英格兰和威尔士的识字率还不到50%，更不用说欧洲其他国家和地区了。

直到19世纪中期，苏格兰的大学升学率比英格兰和威尔士高出10倍。在英格兰，高等教育仍然是上层阶级的专属领地，而苏格兰教育体系实现了更广泛平等的伟大成就。佃农的儿子上大学的机会几乎和地主、牧师的儿子一样。教育成了苏格兰人美好生活的通行证，尽管他们中的很多人选择了去海外进行管理、探索、开办工业，在世界范围内建立起一个虚拟帝国。

当然，这也存在不利的一面（虽然人们并不一定会承认）——这种教育可能造成了人口数量的减少。但是这种情况至少在普通家庭看来是一件好事，是一种摆脱贫困的方法，是一扇通向未来的大门，可以追求比家乡的严酷生活更加美好的具有可持续性的生活。

为教育梦想买单的巨大热情也带来了一种重要的影响，就是对知识的兴趣和对社会的好奇心。我在此想提到的一个人是罗伯特·彭斯（Robert Burns）的父亲，他急切地为孩子寻找教育出路。如果他不这么做的话，世界文学将会逊色得多！ 18 世纪后期，哲学家大卫·休谟、经济学家亚当·斯密和他们的朋友出身于普通家庭，最终却写出了一些极具影响力的作品，催生了所谓的“苏格兰启蒙运动”。这为 19 世纪和 20 世纪早期的科学、工程学和文学做出了开创性的贡献，其中著名的包括亚历山大·弗莱明和沃尔特·司各特的贡献，以及铁路和钢架桥的建造等。

在某种意义上，我们已经丧失了目标感。教育本身似乎不再有价值，不再是挑战心灵、激发和激励探索精神的事情。我也不知道该怎样解决，但我知道必须要尽快找到解决方法，否则我们将面临非常严重的麻烦。英国大学理科课程的申请人数在过去 10 年的大部分时间里一直持续下降，这一事实已经足以说明问题了。几年前，我分析化学和生物课程的数据时就发现下降的幅度非常大！如果以同样的速度继续下去，到 2030 年，这两个学科的申请者数量将降为零。

但我真正关心的是：教育不仅仅是对深奥学科知识的技术培训（无论是历史、政治还是科学），还应训练学生如何思考和评价，如何为了支持和反对某种立场提供证据，如何在不受偏见和预先影响的情况下批判性地思考一个问题。从银行经理到政治家，从记者到地方政府工作人员，这是每个人在工作中都需要的技能。但要培养这些技能，就必须激发学习者的兴趣。而如今，从小学到大学，各个教育机构都在消磨学生的兴奋点和求知欲。如果我们还对此熟视无睹，总有一天要后悔的。

HOW MANY FRIENDS DOES ONE PERSON NEED?

DUNBAR'S NUMBER AND OTHER EVOLUTIONARY QUIRKS

07

心理化能力将我们维系在一起

每个人都是心理学家。

- 人类文化是进化中最伟大的成就。我们的文化能力在一定程度上取决于我们自身的独特能力，即可以内省、反思自我的感受和观念的能力，尤其是感受他人情绪和信念的能力。

- 我们知道如何操纵别人，能够读懂他人行为背后的思想。这种心智计算能力是我们和动物界其他物种之间的巨大鸿沟。

- 我们的大脑缺乏处理连续性知识的能力，特别是当这些连续体涉及几个不同维度的变量交互作用时，人类喜欢简单的二分法，因为这样的思维框架可以让我们避免过多思考。

人类作为一个物种存在以来，一个从未停止困扰我们的问题是：人类与其他动物究竟有何区别？这个问题并不容易回答，尤其是考虑到现代分子遗传学已经越来越不在乎人类的自尊心，缩小了我们与动物之间的差距。但是，人类仍然保持着自身的优势，即我们的思想。人类文化是进化中最伟大的成就。我们创造文化的能力在一定程度上取决于我们可以内省、反思自我的感受和观念的能力，尤其是了解他人情绪和信念的能力。

我一直在想你是怎么想的

这种能够了解他人心境的能力，是儿童在四五岁时获得的，用心理学家的专业术语来说就是“心智理论”。三四岁的孩子就已经是非常“资深”的动物行为学家了：他们知道如何利用别人。当被问及谁吃了冰箱里的巧克力时，他们知道如果以一种非常令人信服的方式说明是从窗台上跳下来的小怪兽吃的，大人们就有可能相信。但他们并不知道这个诡计的真正作用，而且他们肯定也不知道，残留在嘴边的巧克力已经让这个小诡计败露了。但是，在心智理论中，这说明小孩子已经知道如何操纵他人对世界的看法。现在，他们已经会说谎了。突然间，孩子就变成了心理学家——他们能读懂行为背后的思想。

解读心智的能力一直是我们和动物世界其他物种之间难以跨越的鸿沟。动物最多可达到人类幼童 3 岁时的水平。而其他物种是否与我们一样拥有这种能力，一直吸引着那些研究动物行为的人。从遗传的角度看，与我们最近的猿类是否拥有这一特性呢？海豚或者大象，它们又如何呢？而相关研究一直以来的难题是，如何设计一个实验，能够明确地告诉我们动物是否具有这种特性。

英国圣安德鲁斯大学的两位心理学家提出了一种新颖的方法来解决这个问题。埃丽卡·卡特米尔（Erica Cartmill）和迪克·伯恩决定让猿类以它们自己的方式来展示这一点，实验对象是红毛猩猩（orang）。科学家在实验中不要求它们做出背离本性的行为，比如指出作为奖励的食物可能隐藏在哪里，他们想知道猿类对人类心智的理解是否足以指导自己的行为。他们想要利用红毛猩猩希望得到的结果未遂而导致的挫败感触发它们的反应。

这个实验非常简单。两位科学家先是让猩猩们从实验者拿着的两道菜中进行选择，一种是理想的食物，如香蕉；另一种是韭菜之类的不受欢迎的食物。当红毛猩猩求食时，第一种情况是拿到的全是喜欢的食物，第二种情况是拿到的全是不喜欢的食物，第三种情况是有一半食物是喜欢的。然后，实验者等着看猩猩们会做什么。实验者推断，如果红毛猩猩认为实验者误解了自己的要求，就会尝试各种新手势试图让实验者理解，如果拿到了一半喜欢的食物，它们也会重复相同的手势，因为上一次用这个手势拿到了一半喜欢的食物，这次手势奏效则会拿到剩下的一半食物。这些恰恰是实验者看到的情形。

这几乎就是我们要证明的：猿类能够理解他人的想法。如果我们一定要和其他动物划定不可逾越的分界线，那么至少应该把猿类放在我们这边。它们还不能和成年人相提并论，也不会写小说。但是，和我们一样，它们也可以想象另一个世界的样子。毕竟，能够提出那样一个问题，就为科学的产生和发展奠定了基础。而其他动物都被生活压迫得太紧了，以至于它们连想都不敢想。

万物有灵，它们也会“懂”

人类天生就倾向于认为其他动物也有思维。这是因为心智主张已经深深地嵌入了我们的日常思维中。哲学家丹尼尔·丹尼特（Daniel

Dennett）把这称为“意向姿态”，即倾向于认为其他人有与自己一样的想法，这让我们可以基于自己的想法进行直觉性的思考。那么，动物们有什么样的思维呢？它们和我们的思维又有什么不同呢？

心理学家在过去的一个世纪里花了相当多的时间来探索思维的问题。在这个过程中，我们学到了很多关于记忆和学习的知识，以及动物是如何解决问题的，它们又是如何在困境中找到出路的。而所有这些努力的最终结果是，就基本的认知过程而言，大多数动物都大同小异。

我觉得，我们对这个结论是不太满意的。这有点像把房子里所有的砖、灰泥、石板、木头和窗户进行了一个详细的总结，但没有说明这栋建筑本身的样子，也没有提到它为什么会在那里；又像是在详细描述汽车发动机的所有零部件，却不知道它是如何驱动汽车沿公路行驶的，抑或为什么有人想要开车。在我看来，这就有点像收集汽车号码——没完没了地列着发动机号码的清单，却不问这些车要用来做什么。

事实上，我们有理由认为，至少一些猴子和猩猩确实与一般的哺乳动物和鸟类不同。正是它们处理复杂社会问题的能力使其与众不同，而这似乎依赖于一种叫作“社会认知”的特殊认知能力。猴子和猩猩与其他动物的不同之处在于，它们社会关系的内部复杂性。

重要的不是它们能做其他动物不能做的某些行为，而是它们如何去做。

灵长类动物有一些行为是独一无二的，不会出现在其他非灵长类动物身上，比如迪克·伯恩和安迪·怀滕的“战术欺骗”研究。其核心观点是，灵长类动物能够意识到自己所做的事情将会被其他个体理解，从而导致个体能做出对自身有利的行为来。

但是，“猴子和猩猩能够读懂心理（就像人类一样），而不仅仅是行为（就像所有其他物种一样）”的观点随着时间的推移慢慢式微了。因为没有证据表明，人类以外的任何灵长类动物在这方面具有普遍的能力。确实，人类之外的动物读心术的唯一证据来源于猿类，而这一证据也不明确。虽然有大量的实验表明，黑猩猩能够进行心智解读，但有关其心智理论发展完善的证据却相当可疑。一项研究发现，黑猩猩无法完成人类幼儿能轻松通过的重要心理任务（“错误信念”任务）。而另一项研究表明，尽管黑猩猩的表现比自闭症患者（没有理解他人心理能力的人）好一些，但它们也只能达到正常 4 岁孩子的水平，而这个年龄的孩子还在学习掌握心智解读的能力，所以这个技能并不完善。正是这种不明确的情况导致卡特米尔和伯恩尝试使用不同的策略来对红毛猩猩进行实验。

尽管如此，在猴子和猩猩的社会关系中，仍有一些非常强烈和个人化的东西，让它们呈现出与其他动物截然不同的关系。据我所知，在这方面，唯一真正的例外似乎是家养的犬类，它们表现出了与灵长类动物一样强烈的社交性责任感。狗的行为能力仅仅是对猴子能力的一种肤浅类比，还是它们也有同样的基础心理机制来产生这些行为结果，有待于进一步探索。

无论如何，这些心智解读的能力让我们知道了人类和其他动物的真正差别在什么地方。意向性（intentionality）指的是考察一个人的心智内容的能力，就像“论证”“思考”“相信”等动词所反映的。使用这些词的能力定义了一阶意向性：这样的动物能够了解自己的思维。大多数哺乳动物和鸟类可能属于这一类。

更有趣的是那些能反思他人心理状态的例子，如“我想你一定认为……”这种措辞。这种能力定义了一种更高层次的意向性，通常被称为二阶意向性。这相当于儿童在 5 岁掌握心智理论时所达到的阶段。更有趣的是这种阶次还能被扩展到更高。我们已经通过实验证明，正常的成年人可以达到五阶意向性，但这对大多数人来说已经是上限了。这五个阶次可以表述为：我想 [1] 你知道 [2] 我想要 [3] 你想一想 [4] 我的意思是 [5]……（括号中的数字标示出来的就是阶次）。

意向的阶次本质为我们提供了一个衡量物种社会认知能力的自然尺度。如果人类被限定在五阶意向性，黑猩猩或其他类人猿就在二阶意向性，而事实证明，这种能力是一个表示大脑额叶相对大小的线性函数。这个结论很有趣，主要有两个原因。一个原因在于，大脑（尤其是新皮质，它是哺乳动物特有的部位，也是与我们大部分复杂行为相关的“思维”发生的脑区）已经从背部（视觉处理区域的位置）进化到了前面。额叶是负责那些被心理学家称为“执行功能”的特定区域。第二个原因在于，新皮层较大（尤其是大额叶）总体来说是灵长类动物的特征，这说明这些神经结构所支撑的心智能力，无论哪个方面都是灵长类动物表现得最好（如果不是唯一的话）。

那么，猴子和猿类的这些心智能力又包括什么呢?

在我看来，猴子、猿类和人类之间的能力差别并不大，差距在于每个物种行使这些个体能力的程度。这些能力其实是所有哺乳动物和鸟类生存的基础。它至少包括理性推理、类比推理，同时运行两个或多个世界模型的能力，以及运行此类模型的时间长度。当这些个体能力在足够大的范围内聚集起来时，心智解读就会成为一种新兴的特征。它看起来很特别，从某种意义上说也确实如此，但它并不是某种特殊的灵长类动物拥有的能力，只是人类比其他物种做得更好。总而言之，从老鼠到人类，各种不同的哺乳动物之间的差异只是所谓的“规模优势”而已。

二分法的优势与局限

尽管人类依靠自己的大脑创作出了诗歌，也发展出了现代科学，但其局限性有时也令人无法置信。其中一个例子就是我们经常使用的简单二分法。我们总是说“赞成还是反对”“左边还是右边”“界内还是界外”“朋友还是敌人”。不只是说英语的人才有这些简单的观点。和许多传统民族一样，布希曼人也把自己称为“Zhu/twasi”——意思是“真正的人”，以区别于其他人。

这让我陷入了思考。在科学上，我们似乎有很多这样的二分法。例如，关于光的性质有一个著名的争论。它真的像牛顿拥护者们所设想的那样是波状的，还是像量子理论家所争论的那样以光子的形式由粒子构成？ 19 世纪，地质学家之间也有一场关于“灾难论”和“均变论”的重大争论。灾难论者跟随了颇有影响力的法国分类学家居维叶，从地质证据中提出，环境的急剧变化，如洪水和火山爆发，导致了一些生命形式的完全灭绝，随后被全新的生命形式所取代。而均变论者，如英国著名地质学家、达尔文的导师之一查尔斯·莱尔爵士（Charles Lyell），坚持认为地质学证据表明地球的变化是逐步发生的，生命形式也因此是循序渐进的。

生理学领域也存在类似的争论。在 19 世纪中期，年轻的生理学家托马斯·杨（Thomas Young）和赫尔曼·冯·赫尔姆霍兹（Hermann von Helmholtz）提出了广为人知的彩色视觉“三原色理论”，这种理论基于这样的发现：眼睛的视网膜中只有三种对色彩敏感的细胞，每一种都对应一个生理学家所定义的原色（红、绿、蓝）。然而，几十年后，德国生理学家埃瓦尔德·赫林（Ewald Hering）在实验的基础上创立了所谓的“反色理论”，表明视觉系统以互补色形式感知颜色——蓝色 / 黄色为一对，红色 / 绿色为一对。

也许比二分法更有趣的是，当有人指出这两种理论都正确时，那些唇枪舌剑的争论最终得到解决。光在不同的环境下会表现为波态和粒子态，之所以要在两者之间做出选择，是因为分析方法的适宜性，而不是基本事实的对立。同样，进化在不同的时间速度也不同。火山爆发或彗星撞击确实会导致大规模的物种灭绝，但在其他时候，进化是在以较慢的速度进行的，并稳定地发生突变。而两种视觉理论也分别应用于视觉系统中的不同层次：视网膜根据三原色理论分析光线，但视觉皮层根据四色的版本来进行分析。

这些例子并不少见。哺乳动物感知声音的方式是“位置”还是“频率”，一直是理论学家激烈争论的焦点。一些人认为，声音的音调是通过耳蜗的声音造成螺旋器震动的长度所决定的；而他们的对手认为，器官本身振动的频率决定了音调的高低。事实上，这两种理论都是正确的：人体出于对自己有利的原因，对低音调声音的分析基于频率学说，而对高音调声音的分析基于位置学说。

我们甚至在数学领域也经历过类似的争论。1764 年，已故的英国长老会牧师、英国皇家学会成员托马斯·贝叶斯（Thomas Bayes）的一篇论文被发表，该论文提出了基于可信度的概率理论。这是一个基于单一数学定理的简单理论，在任何情况下都可以应用。但是后来的数学家们对贝叶斯的观点提出了反对意见，他们更倾向于在可以观察的事实中得到切实可信的东西。他们认为，概率的定义应该是事件发生的频率。就这样，贝叶斯和他的定理逐渐被人们淡忘。但最终贝叶斯还是赢了。事实证明，概率的频率理论只是贝叶斯概率理论中的一个特例。

还有就是“先天与后天”这一亘古不变的话题，多年来，这一话题不断重现。它每次重出江湖时，都会以完全相同的方式结尾。20 世纪 40 年代，先天与后天的关系是关于智商遗传的争论焦点；后来，在 50 年代，它又重新出现在动物行为学中关于本能的本质辩论中；70 年代，它出现在更激烈、更具争议的围绕社会生物学的争论中。它在 20 世纪 90 年代再次出现时，伴随的是进化心理学的兴起以及社会科学和主流心理学对其意料之中的反应。每次都有人简单地指出：我们不能把有机体发展的遗传因素和环境影响分开，就像不能把光的波、粒两种属性分开一样。有时候，我们只是为了便于谈论其中一个而非另一个。

问题是人类的大脑缺乏处理连续性知识的能力，特别是当这些连续体涉及几个不同维度的变量交互作用时。我们最喜闻乐见的是简单的二元对立，这样就可以让我们不用思考。尽管进化无疑提供了一个令人满意的经验法则，让我们在日常生活中应对自如，但二分法已经越来越令人难以满意了，因为处理表面之下的复杂性才是真正的科学。知识似乎永远受限于我们自身的局限。

我还在等待一些有进取心的化学家来复活约瑟夫·普里斯特利（Joseph Priestley）的“燃素说”，普里斯特利说这是对他的主要竞争对手法国人安托万·拉瓦锡（Antoine Lavoisier）“氧气理论”的补充。拉瓦锡认为，万物是通过从空气中消耗氧气来燃烧的，而普里斯特利以及当时的其他所有人都认为，东西燃烧时其实是释放了一种名为“燃素”的物质。拉瓦锡利用自己作为一名会计师的技能，表明东西燃烧时重量增加了，而不是减少了，所以燃烧必然消耗了某些东西，而不是释放了某些物质，从而为现代的化学理论铺平了道路。当然，这似乎不可能发生，但人们还是会怀疑，像普里斯特利这样一位伟大的化学家也会错吗？

真怕自己倒霉

还有另一个时常令我们痛苦、无法正确思考的例子。多年前，在电子邮件时代还未到来的时候，某个星期一的早晨，我的邮箱里出现了一个巨大的棕色信封。令我吃惊的是，里面是一个要求我参与寄送连环信的请求。“无须你花钱！”这封邮件里写道，我只需在 4 天内将这封邮件发送给其他 5 个朋友和同事，并要求他们做同样的事情，“如果你不这样做，厄运将会降临到你的头上。”就这么简单。

作为一个毕业于老牌学校的保守经验主义者，我当然倾向于把它扔进垃圾箱。但我没有这么做，因为和这封信一起寄来的还有从起始点开始沿着美国一路收到的回应，出于好奇，我开始读这些信件。

从科学家的角度来说，这些信件之所以如此有趣，是因为寄信人都拼命试图不让收件人认为自己是个迷信的人。“吉姆，你知道我不相信这种废话，”一个人恳切地写道，“不过我还是把它寄给你了，因为……”或者“从我还是个孩子的时候起，我就讨厌这些连环信，拒绝把它们寄出去。但我把这个给你是因为……”

这封邮件有什么不同寻常呢？很简单，就是坏运气的威胁。每一个人都以请求谅解结束了自己的信：“我已经申请了一项拨款，我承担不起风险”或是“我下周有一个工作面试，考虑到现在的求职环境……”

就这样，我带着一种稍显傲慢的神气微笑着把信件放回信封，然后扔进了废纸篓。我要面临的是忙碌的一周，第二天就有一个会议要安排，还有每学期开学时都会面对的那种紧迫而繁杂的事务。

也许我应该早点意识到这一点，但我没有。第二天是一个星期二，我的会议一开始就非常不顺，因为投影机没有延长线，会议无法准时开始，推迟了很久。我把星期三和星期四的两门不同的课程安排在同一时间。星期四，我推掉了一个会议，赶去伦敦的另一头开新书发布会，结果却发现自己早到了一个星期……晚上回家，我发现妻子因感染了流感在卧床睡觉。然后，在接下来的周末，家里的成员一个接一个地病倒了，我也没能幸免。事实上，我已经 25 年没有病得需要请假了，而我的两个儿子的体温达到了 39℃，这是我女儿在上学后的 11 年里第一次请了一天假在家休息。

我知道，这只是一系列巧合。但是，当你把所有 5 个（或者 9 个）概率都叠加起来，所有事情都发生在同一个星期，就会觉得多少有些令人费解。这一系列巧合发生的概率是一百万分之一。在这种情况下，也难怪人们会相信迷信和占星术了。

但如果你仔细分析，结果可能就没那么令人惊讶了。如果所有家人都住在不同的地方，还能有流感引发的多米诺效应就更令人印象深刻了，而那年的冬季流感普遍被认为影响很大。在流感肆虐的那一周，一些学校的班级里上课的人数已经不到一半，很多家庭都在那个时期全部中招。

把两节课安排在同一时段的现象在教学中并不少见，尤其是在学期刚开始，状况还比较混乱的第一周。由于技术上的失误，会议延迟的情况也不罕见。但是浪费了大量时间穿越伦敦市区，还提前一个星期去参加新书发布会算不算是小概率事件？这是非常不寻常的事情吗？是的……但是在 6 周前收到邀请的时候，我就已经将它记在我的日程里了——在有人给我寄连环信很久之前，这一系列愚蠢至极的事情就已经开始了。如果将这些计算在内的话，的确是在误导，或者说至少是事先假定了。

如果事情真的是因什么而起的话，那应该发生在豁免期结束的 4 天之前。我还有一天可以把信寄出去，命运对我实在是太残酷了！星期五之前什么都不应该发生！这些“坏运气”的案例中，没有一个是可以算数的！实际上，历史和事后的经验告诉我，在我收到这封信 5 天后的一周里，除了我自己的流感，没有什么倒霉的事情是真的发生在这个时间段的。

如此说来，所有这些倒霉事是由于我拒绝寄出连环信的可能性为零。事实上，在某一天碰到倒霉事的概率可能很高，只是我们往往不会注意到其中的大部分，直到某件事引起了我们的注意。然后，当像连环信这样的东西将它们带入我们的意识之中时，我们就倾向于寻找一些事后证实的证据。然而，这非常不科学！

尽管如此，我还是觉得我不应该太不领情，因为这封连环信确实让我有了写一篇文章的想法，而且我还因为这篇文章获得了不菲的稿酬……所以，谢谢啦。

HOW MANY FRIENDS DOES ONE PERSON NEED?

DUNBAR'S NUMBER AND OTHER EVOLUTIONARY QUIRKS

08

人类依然保有古老的思维模式

我们是太空时代宇宙中的石器思想者。

- 进化心理学家有时把我们描绘成“太空时代宇宙中的石器思想者”。在某种程度上，我们的思想是我们大脑的产物，但大脑的进化并不迅速，我们的思维方式和生活经验必然映射出人类早期对环境的适应。这导致了一个问题：我们的许多行为与我们现在所处的环境格格不入。

- 研究表明：人们对成功人士身高的印象往往比他们实际的身高要更高。

- 陪审团制度在现实生活中非常必要，因为多样性和复杂性会带来平衡的观点。

进化心理学家有时把人类描绘成“太空时代宇宙中的石器思想者”。在某种程度上，我们的思想是我们大脑的产物，但大脑的进化并不迅速，我们的思维方式和生活经验仍然映射着人类早期对环境的适应，一如人类在50万年前的生活图景，可以毫不夸张地说，一万年前现代人类发明了农业并开始居住在村庄，这改变了人类的生活方式和生活环境。在一些进化心理学家看来，这一变化的明显意义在于：人们可以预见到我们的许多行为与现在所处的环境格格不入。总体来说，就是适应不良。换句话说，在如今截然不同的现代环境中，我们的反应还一如既往地如同远古生活在非洲平原上的祖先，仿佛正在狩猎野生动物，或是在山上阻击敌人。这些反应更多是出于本能而非判断。你不相信？那我来举几个例子。

被高估的身高

一个奇怪的事实是，在所有的工作面试中，我仅有两次得到了工作机会，都是我专门买了一套新衣服的时候。这令人惊讶吗？一点也不，你可能会问：难道人生就是包装吗？当然，但我们在这里谈论的是真正的工作——说服特定的一群专家肯定与蒙混普通老百姓有所不同。

可能，也不尽然。德国汉堡大学的阿诺德·舒马赫（Arnold Schumacher）发现了一种奇怪的现象：人们对成功人士身高的印象往往比他们实际的身高更高。还记得你见到英国女王时，惊讶地发现她比你想象的要矮多少吗？舒马赫通过测量不同成就水平的人的身高来回答了这个问题。

舒马赫发现，即便控制了年龄的差异，在商业管理、护理和木工等行业中，那些取得较高地位的人确实要比那些职业层级较低的人高得多。例如，在一个德国企业高管的样本中，高级管理人员的平均身高要比职位较低的员工高出 5 厘米，不论他们拥有怎样的阶层背景和教育程度，而且这一结果同时适用于男性和女性。

成功人士不仅比没那么成功的人身高更高，而且成功也会被认为与一系列积极的特质有关。当舒马赫询问一群年轻的成年人，成功人士有什么特质时，他们都会将社会和职业成功与身材好、强壮、自信、精力充沛、冷静坚韧等特质关联起来。

这让我想起了我为求职买的衣服。维多利亚时代的祖先们一直认为“人靠衣装”，但他们似乎没像我们现在这样离谱。在美国，杜兰大学的伊丽莎白·希尔（Elizabeth Hill）、弗尔曼大学的伊莱恩·诺克斯（Elaine Nocks）和露辛达·加德纳（Lucinda Gardner）都已经证明，穿着对人们的吸引力有非常显著的影响。在测试中，同一个人穿戴名牌服装和昂贵珠宝时会被认为比穿着传统服装时更有地位，更有吸引力。

但是，为什么在那些理性决策应该压倒一切的问题上，外表却扮演了如此重要的角色呢？这可能与我们不断寻找能定义成功的线索有关。毕竟，买得起漂亮新衣服的人都不会活得太糟糕。你们记得萨尔瓦多·达利吗？尽管他是一个身无分文的年轻画家，但他坚持要过一种奢华的生活，奢华程度远远超出了自己的能力：每个人都认为他做得很成功，因为他吸引了很多有钱的客户，那些人也都来找他买画。你看，成功会孕育出成功。

但是，身高的重要性是什么呢？为什么成功的人比不成功的人要高呢？高个子的人真的更好吗？还是高个子的人会让我们感到敬畏，所以我们希望他们更好？当女性与男性竞争时，对女性的偏见就很严重。我无法确定在两性竞争时规则是否也是如此。但如果是这样的话，那就意味着你必须穿得比别人好看，才能获得诺贝尔奖。

颜值即正义

奥巴马赢得了2008年的美国总统大选。所有竞选活动中的艰苦付出，候选人投入的几十亿美元，在胜选的一刻都得到了回报。美国人得到了这个职位的最佳人选，多亏了民主党选举过程的激烈筛选。达尔文式的选择最终选出了最优秀的人。

你可能会这么想，但我并不这么觉得。当然，这是一种深深植根于我们的心理和行为中的东西，经过了成千上万年的达尔文式进化过程的磨炼。但这一切并不是你想象的那样。在我看来，科学可以为奥巴马团队节省大量的时间和不必要的金钱花费，至少在最后阶段是这样。麦凯恩注定会失败，而这不仅仅是因为佩林效应。

事实上，证据一直就摆在那里。奥巴马注定赢得大选，理由有两个：第一，他是两位候选人中个子较高的那个（自1900年以来，相比于较矮的总统候选人，个子较高的候选人当选美国总统的概率高3倍多）；第二，他的脸更为对称。

面部对称对此有什么影响呢？什么是面部对称呢？

对称的意义并不难理解，就是以面部中心为轴，左右两边长得一模一样。事实证明，拥有一个平衡、对称的身体并不像人们想象的那么容易。在从胚胎到最终成年的人生盛衰轮回中（从疾病到受伤到饥饿），我们的基因经历了漫长而艰难的发展过程，基因很难将我们塑造成它们想要的那个样子。结果表明，高质量基因的一个标志是它们能在多大程度上应对所有这些干扰，最终还能形成一个对称的身体。因此，面部对称性（以及从乳房到手指、脚长、耳垂等的对称）是人体基因的一个简单标示——所谓的“质量”就是基因运行它们自己作用和功能的能力。事实证明，对称性与人们在生活中所做的许多事情有关，但最令人惊讶而又不安的是，对称性似乎能很好地预测哪个候选人将赢得选举。

利物浦大学的托尼·利特尔（Tony Little）和克雷格·罗伯茨（Craig Roberts）发现，一些投票模式并不总是像想象和吹嘘的那样谨慎。在竞选中，双方的原则和计划确实各有千秋，但这似乎只是一个让候选人自我展示的障眼法而已。

利特尔和罗伯茨请了一大批人来作为样本，让他们从两张照片中进行选择，看他们更愿意选择哪一个来管理自己的国家。实验中选择的 7 对面孔是多个国家前两届大选的获胜者和输家：英国（布莱尔 / 黑格，布莱尔 / 梅杰）、美国（小布什 / 克里，小布什 / 戈尔）、澳大利亚（霍华德 / 莱瑟姆，霍华德 / 比兹利）和新西兰（克拉克 / 希普利）。实验人员没有展示这些人的真实面孔，而是用复杂的变形软件调整了两个候选人的关键面部特征。这些调整后的脸看起来和原来的样子已经完全不同了，但还是保留了他们的核心特征，比如嘴唇和鼻子的形状、眼睛的线条、脸颊的形状和其他几十个几乎无法察觉到的特征。研究人员制作了两张这样的脸，一张是基于获胜者的，另一张是基于失败者的。

结果呢？人们选择获胜者的脸的概率大约为 60%，选择失败者的脸的概率只有 40%。更引人注目的是，人们在实验中对获胜者和失败者的选择比例，很好地匹配了现实中这些人及其所属政党的选举结果。事实上，如果根据每个候选人的政党赢得的席位来进行拟合，结果会更好。因此，当时，当研究人员预测 2005 年 5 月的英国大选时，基于脸部偏好的实验结果显示，工党的布莱尔应该赢得 53% 的选票和 51% 的席位。实际上，就在大选当天，工党获得了两大政党（工党和保守党）52% 的选票，赢得了 64% 的席位。测试结果与实际情况惊人地相似。

难道选民们不是因为注意到候选人和他们所在政党的政策与执政承诺吗？似乎并非如此，因为这些研究结果都很好地契合了一个事实：身材是另一个吸引我们的特质。我们采集了自华盛顿以来美国总统选举中两位候选人的身高数据，发现获胜者比落败者身高要高的情况出现的概率是 71%。在日常生活中也有很多意料之外的影响。近年来有几项研究表明，从统计数据上看，男性的薪水（你看，不是女性的！）与他们的身高呈正比。事实上，在英国，你的身高比平均身高每高出一厘米，你的薪水就会上涨 1%。

我跑题了……因为在第二次实验中，利特尔和罗伯茨对实验做了一点修正。他们采用了 2004 年小布什与克里的竞选，并要求被试面对不同的人，不仅要选择他们更愿意让谁管理自己的国家，还要选择在战争时期和和平时期他们更倾向选谁。和之前的实验一样，实验人员使用的是处理过的面部照片，突出或淡化了小布什和克里的某些面部特征。

令人吃惊的是，小布什式面孔在“战争时期”赢得了胜利（支持率为 74%），但克里式面孔在“和平时期”是受欢迎的（获得了 61% 的选票）。被试还被要求对这两张脸的特征进行评价。小布什式面孔被认为更有男子气概、更有统治力，而克里式面孔被认为更有魅力、更宽容、更可爱、更聪明。

你可能会说，这对克里来说是个好消息。而坏消息是，克里似乎选择了错误的竞选时间，因为那个时候伊拉克战争正活跃在公众意识的前沿。如果克里推迟到下一届大选参选（奥巴马获胜的那一届），他可能会表现得更好。对希拉里·克林顿来说，如果选举处于长期的和平时期，天生更女性化的面孔可能会让她处于有利地位。不过在她参加竞选时，美国军队还驻扎在伊拉克和阿富汗，正如人们所说的，其余的人已经被丢进了历史的垃圾堆。或许下一次她参加竞选的时机会更好？

当然，你可能想要引用亚伯拉罕·林肯的故事作为对称说法的一个明显反例。这位可怜的总统在小时候被一匹马踢了一脚，长大后就成了美国历史上面部最不对称的总统。最近的激光分析表明，林肯的左脸比右脸要小得多，而且左边的骨头比右边的要薄，因此他的脸看起来十分别扭。许多人当时就注意到，林肯的左眼有点斜视，这进一步表明了他左脸的萎缩。但是，在当时的政治竞选中，这似乎并没有给他带来任何伤害，真的是这样吗？

是，也不是。林肯时代的选举和如今的选举之间有一个很大的差异，那就是基于形象的媒体的介入。那时摄影才刚刚盛行，大多数人看到自己支持的候选人的最好途径就是报纸上刊登的艺术家为候选人创作的画像。直到美国南北战争（1861—1865）之后，照片才在报纸上变得普遍。此外，在总统竞选活动中，林肯既不演讲也不接受采访，而是让他共和党的竞选团队为他打理所有的事情。可以想见，这是多么明智的做法啊。

但真正的问题是，林肯是如何与他的主要对手——民主党候选人斯蒂芬·道格拉斯（Stephen Douglas）进行较量的。我们不知道道格拉斯的脸和林肯相比有多么对称，没人能想象比林肯更不对称的脸长成什么样子。但我们能确定的是，林肯比道格拉斯要高得多。道格拉斯的昵称是“小巨人”，只有 1.62 米，比身高 1.93 米的林肯矮了 31 厘米，林肯这个身高在当时是非常高的。有了这样的身高优势，对称性可能就那么不重要了。所以，在目前的假设下，林肯赢得公平公正。

林肯和道格拉斯之间的联系让我想到了一些类似的事情。内布拉斯加立大学（这所大学正好位于美国中西部的林肯小镇上）的道格拉斯·约翰逊（Douglas Johnson）和同事们选取了一组有着相对较强的政治观点的人——左派和右派，想要研究他们对威胁性照片的情感反应。这些照片包括一个巨大的蜘蛛趴在一个受到惊吓的人的脸上，一张血肉模糊的脸和一个被蛆虫覆盖的伤口。

研究人员首先把被试分为两组，分组依据是被试在保护社区利益不受外部威胁的意愿上得分的高低——得分高的人表示他们强烈支持军事支出、无须搜查令即可进行搜查、死刑、无条件服从命令、爱国主义，也支持第二次伊拉克战争、学校盛装祈祷，并认为《圣经》中的每一个字都是真理，他们强烈反对婚前性行为、移民、和平主义、枪支管制、同性恋婚姻、堕胎和色情。然后，当这些人看到照片的时候，测试人员用他们的肤电反应（手掌的汗）和在噪声突然出现时眨眼的幅度（这是一种本能的惊吓反应）来测量他们的生理反应。与持自由观点的人相比，那些支持在社会问题上惩奸除恶的人看到威胁性图片时的生理反应要强烈得多。

简而言之，政治立场更极端的人，尤其是政治上的右翼人士情绪反应更强烈。实际上，当一些不正常或不寻常的事情发生时，他们更有可能惊慌失措，更有可能做出“火上浇油”的应对方式，而不是理性而冷静地做出回应。政治似乎是一种情感上的反应——从远古霸权者到近代希特勒，似乎每一个煽动者都深知这一点。

可能并不令人感到意外的是，教育对这些结果也有影响。人们在学校待的时间长短与保护社会的政治观点存在着负相关：受教育程度越低，人们就越有可能成为右翼政治的支持者。但这种效应与生理反应无关，仅仅是增强了生理效应，而不是解释了它。

这些特定的生理反应可能与杏仁核的活动有关。杏仁核是一个相对较小且相当古老的大脑区域，是所有哺乳动物处理情绪信号反应的脑部区域。当然，也许并非因为你的杏仁核没有调试好，才让你在政治上变得更极端，而是你内在的紧张感使你对那些威胁到你周围社会环境的东西更加敏感。教育可能在抑制这种反应的过程中扮演着重要角色，它允许额叶（运行大部分有意识过程的大脑区域）以一种更加深思熟虑的方法来缓解情绪反应，这就是为什么教育总是伴随着自由政治的原因。

多样性与平衡

英国民主制度的关键之一是陪审团制度。中世纪以来，“12 位贤士”就一直正襟危坐，负责对证据进行筛选，以确定那些被拖到法庭的人到底是有罪还是无罪。因此，当英国政府最近提议在某些类型的审判中废除陪审团制度时，英国上议院（一度是古代传统、道德正直和特权的守护者）彻底否定了这一提案，公众对此也毫不意外。这让我想到了审判心理学。在长达 700 年的时间里，陪审团制度在英国法律界和世界各地的衍生品都是神圣不可侵犯的。但是，考虑到近年来判决被推翻的案件数量，我想知道，万一你下次坐在被告席，你是否希望由陪审团审判。

最初，陪审团制度被引入纯粹是为了保卫贵族的权势。英国贵族与“贤主约翰”之间达成的协议（被写入了 1215 年在兰尼米德颁布的《大宪章》中），使他们可以得到同行的审判，而不会落入国王和他那些狡猾心腹的手中。过了几个世纪之后，这项权利就被扩展到了所有人。

到目前为止，一切还算顺利。但是仔细思考这些审判发生的背景，你就会发现问题。那时人口稀少，而陪审团的 12 名陪审员大多来自那些与被审判者一起生活的人。在大多数情况下，被告确实是被同伴审判的。实际上，当陪审团被要求决定你是否真的偷了老太婆哈伯德的鞋时，他们依赖的是对你个人的认识：你真的会是做那种事的人吗？他们甚至可能不需要一个试验来得出正确的结论。所以有时候，陪审员会做出价值判断并采取个人立场，但你确实是被你身处的社区所评判，他们进行裁决的依据也的确是他们自己的是非观念。

然而，今天的情况却完全不同了。第一，陪审团不再可能对你有任何了解。事实上，律师们也在坚持这样做，并将要求法庭去除对被告或案件有任何了解的陪审员。作为被告，你可能会认为这是一个优势，最好是让那些没有偏见的人来决定你的罪行。但我想知道的是，当错误的审判意味着浪费了纳税人缴纳的巨额税款时，社会的利益是否得到了充分的保护？当然，无论律师是赢是输，他们都将获得高额报酬，他们甚至根本没有好好研究过证据。

第二，现在的法医技术更加专业了。事实上，律师们常常被迫简化证据，以便陪审团能够领会其重要性，这一做法却制造了更多可能的混乱。事实证明，这在欺诈案件中是一个非常特殊的问题，欺诈通常涉及极其复杂的金融交易，需要有爱因斯坦那种智商的人才能理解。

第三，即使是没那么复杂的案件，也会对陪审团产生很大的压力。如今，人们看电视注意力都集中不过三秒，而为了记录错综的法律论证、复杂的证据以及一个好律师可能使用的推论和暗讽，所有这些需要的注意力已经远远超出了陪审员的能力。他们根本不记得所有的细节。数十年的心理学研究表明，人们对经历的记忆并不像一盘录像带。人们只能记住很少的一部分，只是一些突出特征。当被要求回忆发生的事情时，人们会根据看似可信的理由来填补细节和空白（鉴于人们的日常经历，这似乎是最可行的方法），这也就是为什么目击者的证词一般都与实情不符。

第四，律师的工作方式发生了改变。直言不讳地说，律师这个职业的存在并不是为了寻求真相，而是为了维护自己客户的利益——无论客户是对还是错，这才能促成最好的交易。这意味着律师总是会尽力追求真实的经济收入。他们就是讲故事的人，目的是要说服陪审团从他们的角度来看问题。在我们的法律体系中，陪审团是被动的，只能倾听：他们不能自己检验证据，也不能质疑律师对事实的解释（只能被洗脑式地说："是的，是的……"）。在我看来，这就是误判、错判为什么较为常见的原因。

第五，陪审团本身存在问题。即使是在陪审团的房间里，也不是12个思想独立的人在努力评估所有的事实。大多数陪审团实际上就是一两个人的陪审团。一两个非常强势或受过高等教育的人，通常可以通过人格或自己的辩论能力来左右陪审团。这种心理学现象已经在进化中被反复证明了：对大草原上的群体来说，如果每个人都做同样的事情，最完美的解决方案就是有几个好的领导和一大群无甚意见的小绵羊。对那些问题多多的个人主义者来说，他们在讨论中是没有任何可争辩的余地的。这是真正的问题所在。

那么究竟该怎么办呢？我的建议是形成专业的陪审团：我们需要那些能够理解现代法医学的复杂性和论点的男性和女性，让他们将陪审团作为一份工作而坐在陪审席位上。当然，律师们是不会喜欢这种模式的，因为那样他们就再也无法轻易地忽悠陪审团了。但这样一来，大概就不会有那么多错判、误判了。

PART 4

社群中的亲密关系

HOW MANY FRIENDS DOES ONE PERSON NEED?

HOW MANY FRIENDS DOES ONE PERSON NEED?

DUNBAR'S NUMBER AND OTHER EVOLUTIONARY QUIRKS

09

繁衍是进化的动力

来自不同文化和种族的人，对美的认识是趋同的。

- 在传统社会中，男人寻找年轻和生育能力更强的女人；女人则更看重有地位和财富的男人。

- 随着财富对女性的重要性逐渐下降，其他的养育环境对女性成功养育子女产生了更大的影响。因此，越来越多的单身女性要求伴侣拥有“有爱心、乐于分享”等特质。

在达尔文的自然选择理论中，繁殖是进化的动力。繁殖成功意味着个体的生物印记可以保存在该物种未来的基因库中，当然，这还取决于后代的繁殖情况。进化的过程就是要做（外）祖父母。但是任何一代人的繁殖都是始于求爱和择偶这个漫长过程的起点。当我们做出选择时，达尔文已经影响了我们。

在传统社会中，男人总是会寻找年轻和有生育能力的女人，女人则会寻找有地位和财富的男人。想想 18 世纪和 19 世纪德国农民的婚姻模式。埃卡特·福兰（Eckart Voland）对克鲁姆赫恩教区登记簿的研究表明，匹配了年龄之后，相对于没有土地的工人，较富裕的农民会求娶更年轻的新娘。此外，社会经济阶层较低的女性总是试图尽可能延长单身的时间，以便寻求提升阶层的机会。

对女性来说，结婚对社会地位的提升是明显利好的。在社会阶层方面，更高阶层男性的妻子生育后代的存活率要高 1/3，主要是由于初生婴儿存活率较高，而不是出生率更高。因此，阶层联姻（与较高阶层的人结婚）的好处是巨大的。当然，并不是每个女人都能成功。最终，地位较低的女性将被迫止损，并在自己的社交圈中充分打好自己的一手烂牌。就像简·奥斯丁小说中那些有资格的女人，最终也会被迫放弃对达西先生的竞争，当她们觉得没必要在达西身上浪费时间后，就会找个普通人安定下来。

营销自己，赢得朋友

在男女两性寻找伴侣的过程中，报纸上的征婚栏已成为一个重要的配对场所。因此，这为我们提供了一种独特的视角，让我们得以一窥人们在择偶时讨价还价的过程，看看人们会寻找什么特质的伴侣，以及他们认为未来的伴侣可能会在自己身上寻找什么样的特质。在某些情况下，这会成为一长串的谈判链条，最终以某种形式的长期关系或婚姻结束。

芬利·麦克唐纳（Finlay MacDonald）在自传《麦片粥和奶油》（*Crowdie and Cream*）中讲述了自己的童年故事，以及两次世界大战期间在西部群岛上度过的少年时光。读过这本书的人应该会记得，上了年纪的单身汉赫克托为了找到一位妻子费尽了心力。11 岁的芬利给赫克托出的主意是去刊登征婚广告，于是芬利撰写的一句广告语出现在了《斯托诺韦公告》上：

一个退休的渔民寻一位能做农活的成熟女士，共迈婚姻殿堂。

这则广告语体现了一个11岁男孩所有的率直和粗糙——甚至还有错别字。但是，它确实有效果！赫克托收到了“铺天盖地”的应征：有三个人！芬利给出的建议是选择那个写字最好的人，也是后来被评价为“听起来像个好女人”的那位。不管芬利靠的是运气还是直觉，事实证明他选对了，赫克托和他的凯特里奥娜共度了一个心满意足的晚年。

个人征婚广告一直是寻找爱情的通用方法。你可以把它当作一个扑克游戏的开局，基于多年的赌场经验，你掌握了一些吸引异性的一般规则，但根本不知道谁在严肃地寻找伴侣。游戏的关键是你要身处其中，为了确保你得到足够的回复，就像赫克托一样，你要确保自己有所选择。

我们大多数人都把这种不成文的规定视为理所当然的，认为年轻女性更容易吸引有能力的男性。我们也承认，年长的富裕男性比贫困的同龄人更有可能娶到年方20岁的模特。但是，这些偏好的缘起是什么呢？它们在多大程度上影响了我们对伴侣的选择？

首先是偏好。亚利桑那州立大学心理学家道格拉斯·肯里克（Douglas Kenrick）和理查德·基夫（Richard Keefe）研究了来自美国、荷兰和印度的1 000多则征婚广告。他们的发现证实了我们大多数人还在犹疑。当男性年龄越大，他们希望自己的伴侣年龄越小；男性总是倾向于选择处于生育高峰期的女性。相比之下，未婚女性则青睐比自己年长3~5岁的男性，随着年龄的增长，这样的差距会越来越小。因此，最终会出现一种不可避免的不和谐情况：男人想要寻找年轻的女人，但女人想要寻找比自己年长的男人。在大多数情况下，人们在现实生活中会妥协，因为接受次优选择总比一无所有要好。然而，作为选择者，女人的优势要更多一点。在实践中，女人可以用一种条件来交换另一种，而不会过于失望，因为她们有更多的条件可以选择。上了年纪的男人必须拿出上档次的条件才能获得年轻异性的青睐，而这些条件意味着财富和其他很多东西（如财富的代名词：名声）。

对年长的女性来说，男性更关注年龄的事实特别棘手，因为男性的首要关注点都在年轻女性身上。由于知道自己处于不利地位，年长的女性在征婚广告中会要求更低，似乎更包容，毕竟聊胜于无。凯特里奥娜诚实地说出了自己的年龄，除了她是一个50岁的老姑娘以外，没有别的什么可以吸引老赫克托。但是，如果赫克托执意要愚弄她，她也一定会暴跳如雷。她要是考核赫克托的话，也会意识到自己的选择其实非常有限。

一些年纪较大的女性会通过避免谈及自己的年龄来回避这个问题。这样她们就能像 20 多岁的女性那样行事，甚至表现得比那些公开自己年龄的女性更为过火。更重要的是，这能让她们在配对博弈中停留更久，至少保留了在应征者中进行选择的权利。但即使这样，她们也仍然会有一点疏漏：表现出与年龄相仿的伴侣相同的品味偏好。所以，如果一个女人不说她有多大年纪，那么只要用她理想伴侣的年纪减去 5 年，总不会错得太离谱。

但年龄只是一个标准。征婚栏又揭示了哪些关于外表和金钱的信息呢？为了找到答案，现任职于东安格利亚大学的戴维·韦恩弗斯（David Waynforth）和我一起分析了近 900 个美国报纸的征婚广告。结果显示，男性比女性更倾向于寻找年轻的伴侣（42% 的男性和 25% 的女性）或身体有吸引力的异性（44% 的男性和 2% 的女性）。也许，这并不让人意外。但男性征婚者更不愿意谈论自己的相貌。有 50% 的单身女性使用了“曲线优美”“长相漂亮”“美女”等词语，而只有 34% 的男性使用了类似的词语（“帅哥”或“体格健壮”）。

金钱和地位则不同。在这方面，单身女性是最挑剔的。当她们明确提出对伴侣的要求时，她们使用“接受过大学教育”“有住房”和“专业人士”等词语的可能性是男性的 4 倍——这一切都预示了对方的赚钱能力或潜力。另一方面，单身男性比女性更热衷于宣传自己这些方面的特质。这些线索非常微妙。在伦敦，如果男性居住在高档社区（肯辛顿或汉普斯特德），他们就会公开自己的邮箱，而居住在比较低档的社区（哈克尼或马恩岛）的男性就不会提及了。

当然，没有哪两种文化是完全相同的，性别差异的大小必然会因地域的不同而不同。然而，让我们感到惊讶的是，总的趋势是一致的。例如，当我和萨拉·麦吉尼斯（Sarah McGuinness）研究了两本伦敦杂志上的 600 份征婚广告后，我们发现了与美国相似的趋势。68% 的征婚女性提供了自己身材的信息，而只有 51% 的男性提到这一点。

在其他类型的研究中也存在着一致性。美国得克萨斯大学奥斯汀分校的心理学家戴维·巴斯（David Buss）是人类“求偶博弈”的著名研究者。1989 年，他分析了从澳大利亚到赞比亚、从中国到美国等 37 个不同国家的 1 万多人完成的关于婚姻偏好的调查问卷。不管在哪种文化下，女性往往都比男性更挑剔，会基于个体标准和更广泛的社会标准来评价未来的伴侣。女性对地位和收入潜力赋予的权重总是高于男性，男性则更看重年轻和外貌。

在求偶博弈中如何胜出

我们在征婚广告中发现的趋势，与我们从进化角度进行考量得到的结果是一致的。生殖的生物学过程对男性和女性的行为有着非常不同的影响，因此我们预期男性和女性会关注婚恋市场的不同方面。这是因为哺乳动物孕期和哺乳期是一个漫长的过程，这意味着一旦受孕发生，雄性就不会对繁殖做出任何直接贡献。这是哺乳动物的一个特点。如果人类的生殖更像鸟类或鱼类，那么这个故事将会有完全不同的版本。

既然我们是哺乳动物，那么哺乳动物的生物规律就会驱动着我们的选择模式。因此，想要最大限度繁殖后代的男性只有一个选择：尽可能多地授精。对人类来说，这必然意味着要寻找一个年轻的、有生育能力的伴侣，她会生育许多孩子，或者在同一时间和尽可能多的女人结婚。另一方面，女性会直接影响婴儿的发育。这就意味着女性更有可能强调养育和寻找有资源的伴侣。财富、地位和职业（与财富相关）在女性的征婚广告中都占有较高的比重，女性也特别看重能表现出对未来婚姻关系负责以及对方是否具备社交技能的信号。男性的征婚广告则倾向于提供自我描述，但你必须知道如何解码这些描述。像“良好的幽默感”这样的现代暗语就表明了该男性具有社交能力，即让伴侣生活愉快的能力。

男性对女性外表魅力如此看重的原因是什么？从生物学角度来说，一切都是为了寻找与年龄、健康以及最终生育能力有关的生理线索——在我们过去的传统社会中，这些线索很难伪造。以女性典型的沙漏型身材为例。普遍的经验表明，男性（大体上）更喜欢腰臀比更小的女性，有研究也证实了这一点。得克萨斯大学奥斯汀分校的心理学家德文德拉·辛格（Devendra Singh）让 195 名年龄在 18~85 岁之间的男性对不同身材的女性进行魅力评分，从最没有吸引力到最具有吸引力进行排序。结果表明，男性认为体重均匀的女性比偏瘦或偏胖的女性更有魅力，他们最青睐腰臀比低的女性。选择腰臀比为 0.7 左右的女性比率特别高（健康女性在 20 多岁时的腰臀比通常在 0.67~0.8 之间）。值得注意的是，这也是《花花公子》杂志中过去 30 年中封面女郎的典型形象。

这种偏好不太可能是一种偶然的时尚。一般来说，腰臀比小的女性比腰臀比大的女性的平均生育能力更强。腰臀比小的女性会更早进入青春期，更容易受孕。虽然确切的原因尚不清楚，但这几乎肯定与“弗里希效应”（Frisch Effect）有关。弗里希效应是美国生殖生物学家罗斯·弗里希（Rose Frisch）在 20 世纪 80 年代首次发现的：女性只有在体脂率达到一定水平时才会排卵。髋部和大腿的沙漏体形很大程度上是由于这些区域的自然脂肪沉积形成的。在维多利亚时期，人们似乎一直在试图夸大这种身体特征。

同样，我们关于“什么特征才漂亮”的观点，也可能植根于两性不同的繁殖策略。一些最直接的证据来自神经心理学家戴维·佩雷特（David Perrett）和他在圣安德鲁斯大学的实验室研究。他和他的同事通过合成一些“受欢迎”的脸部照片，将人们认为最具吸引力的特征拼凑起来。

女性似乎会在男性身上寻找一些特别具有阳刚之气的特征，比如突出的轮廓和显眼的下巴，以及大眼睛、小鼻子等特征。而对女性来说，大多数男人觉得她们最有吸引力的是大瞳孔、大眼睛、高颧骨，以及下颚和上唇都较小的嘴唇。这些女性特征中有许多都是儿童的特征，可能预示着年轻，拥有较强的生育能力。男性也会被柔软光滑的头发和白皙闪亮的皮肤所吸引——这也是化妆品行业的两大卖点。两者都是高雌性激素水平的产物，因此也很难伪装。

更重要的是，来自不同文化和种族的人对美的认识也是趋同的。肯塔基州路易斯维尔大学的心理学家迈克尔·坎宁安（Michael Cunningham）让不同种族背景的人对不同种族人的面孔进行评价。对于一张漂亮的脸有哪些特质，不同文化背景的人的看法存在着惊人的一致性。从本质上讲，就是女人身上显得孩子气的特质，男人的脸上具有阳刚之气的特征。佩雷特和他的同事对欧洲、日本和祖鲁族人的面部特征进行了相似的研究，结果非常趋同。如此说来，美不仅仅是个体的主观感受。

如此一个不完美的世界

我们中的大多数人都不可能在职业生涯的巅峰时期，拥有女明星薇诺娜·赖德（Winona Ryder）的绰约风姿或男明星理查德·基尔（Richard Gere）的俊朗神采。更糟糕的是，我们一生中只有在短暂的一段时间内处于“正当好”的年龄。那么，普通人该如何找到自己的伴侣呢？在这里，进化论建议你调整一下策略，充分利用手里很可能握着的一手烂牌。换句话说，降低你的期望，以一个较为划算的价格出手。这也是简·奥斯丁的实用主义哲学。

事实上，这也是征婚广告栏里正在发生的事情。在我们对美国征婚广告的研究中，戴维·韦恩弗斯和我发现，人们根据自己的情况调整自己对婚姻的预期。年龄较大的女性（她们的生育能力相对较弱）对未来伴侣的要求要比年轻女性少。类似的情况是，当年龄相匹配时，那些认为自己外表漂亮的女性比那些没有提及外貌的女性会有更多的要求。如果你认为你有很强的竞价能力，你就会在择偶时提出高价。

而征婚广告栏里的男人也会调整自己的出价——不是根据外表，而是根据是否公开了自身地位或财富的线索。当年龄相匹配时，那些征婚广告中暗示自己身价和地位的男性比那些没有的人对未来伴侣的要求要高得多。例如，这样的男人不太可能容忍对方有前段婚姻中的孩子。与女性不同的是，随着年龄的增长，单身男性对未来伴侣的要求越来越高，这反映了他们在求偶博弈中日益增长的底气和实力。然而，关键在于中年时期。一旦过了 50 岁，男性征婚者就会降低自己的要求，也许是因为生老病死的自然变化使他们意识到自身面临的风险越来越大。

这种对环境的敏感性甚至可能在两性相对的偶然接触中发挥作用。弗吉尼亚大学的心理学家詹姆斯·潘尼贝克（James Pennebaker）在单身酒吧里让清醒的男性和女性对其他顾客的吸引力打分，满分为 10 分。随着时间的推移，临近回家时间，当他们意识到无人相伴、独自回家的可能性越来越大时，就会开始认为异性的吸引力也越来越大。平均而言，在午夜时，异性的吸引力比晚上 9 点时更大。相比之下，他们对同性成员的评价却没有显现出随时间变化的趋势。如果那些最不漂亮的女孩会先被选中共度春宵，这一定是因为，当失败的可能性越来越大时，男性会逐渐降低自己对性伴侣的选择标准。

孩子对那些寻求新的恋爱关系的人来说，是一个特别不利的因素。福兰发现，在 18 世纪和 19 世纪的克鲁姆赫恩教区人口中，那些第一次婚姻中生了一个孩子的年轻农民寡妇，如果孩子夭折，她们再婚的机会会提高 17%。我们在美国的单身样本中也发现了类似的趋势。那些声称自己与前夫有孩子的女性，她们的要求明显低于那些没有孩子的女性；当年龄匹配时，没有抚养义务的女性对未来伴侣特质的要求几乎是有孩子女性的两倍。如此看来，有孩子要抚养的妇女被迫变得不那么挑剔了。

大多数人对自己在婚恋市场中的议价能力相当敏感。在 20 世纪 80 年代早期，当时在兰开斯特大学的心理学家史蒂夫·达克（Steve Duck）进行了一项实验，在实验中，男性被试需要完成一份问卷调查（假的）。同时在场的是一名看似正在完成同一任务的年轻女子；事实上，她是实验助手，只是针对不同的被试换上了不同的服装而已。达克发现，男人愿意与实验助手对话的意愿取决于他们感知到的两人社会风格的相似程度。而我们在提出要求时似乎会事先寻找自己认为有把握的对象，而不会寻求自己都认为没有把握的对象。配对博弈是残酷的：你在这个博弈中所能获得的不仅是你的选择，也取决于别人对你的选择。

博古斯拉夫·帕夫洛夫斯基和我在英国征婚广告中也发现了类似的现象。我们计算了一个简单的性别选择指数：在某一个年龄段中，一个人吸引的异性数量比上这个年龄段的征婚人数。这个比例大于 1 意味着你很抢手；如果低于 1，表明你没那么受欢迎。然后我们绘制了征婚者对这个选择比例的要求。对两性来说，选择比例越高，对伴侣的要求就越高。其中也有一个例外，40 多岁的男性。他们似乎高估了自己讨价还价的能力，他们对女性的要求要比自己的吸引力高得多。然而，到了 50 多岁的时候，他们就认清了残酷的事实，显著降低了自己的要求。因此，即使是男人，也要接受教训。

这意味着认清现实在婚恋市场中有着非常重要的作用：没有必要为了约会远高于自己社会地位的对象而过度投资。我们要在生活的泥泞里学习如何应对婚恋市场，并相应地调整自己的期望。我们可能梦想着一个薇诺娜·赖德或理查德·基尔，但只要有几个冷漠的肩膀就会让我们回到现实。这种现实主义可能在某种程度上解释了：为什么大家都喜欢万里挑一的那个，最终却选择了适合自己的那一款。在包办婚姻的社会中，人们在统计上更倾向于同那些与自己相似的人结婚，不仅是社会和文化背景上的相似，也包括容貌上的匹配。例如，在已婚夫妇之间所有奇怪的关联中，有一点竟然是两个人手指关节的相对长度趋同。

经验在择偶中扮演着特别重要的角色。这种对经验的敏感或许可以解释我们研究的美国单身样本中的一个显著特征，即女性征婚者总是在寻求与伴侣关系和家庭环境相关的特征，这些特征可以用诸如“爱”“温暖”“幽默”“看重家庭”“温柔”“可靠”等词语来表示。在我们的美国样本中，大约 45% 的女性希望自己未来的伴侣至少拥有上述特征中的一项，而男性的比例只有 22%。然而，男性并没有比女性更多地宣扬自己的这些特征，这表明男性还没有意识到女性关注点发生的变化。

这可能反映了一种两性期待上的文化错位。很明显，在世界各地的传统习俗中，财富是影响女性成功养育后代的最重要因素，因而女性非常看重丈夫的财富（或至少是未来的财富潜力）。但是，20 世纪的工业革命对西方国家妇女抚养后代的能力产生了重要影响，这种影响存在于两个关键方面。第一，相比于前工业化社会，大幅改进的医疗技术已经将儿童死亡率降到了非常低的水平。第二，工业化国家不断发展的经济意味着，对于足以抚养子女的能力而言，财富差异已经没那么重要了。女性已经可以自己谋生，不再那么依赖男性为她们提供照顾孩子时所需要的资源了。

随着财富对女性的重要性逐渐下降，其他的养育环境将对女人成功养育孩子产生更大的影响。因此，有 45% 的单身女性要求伴侣“有爱心、乐于分享”。但是，如果说西方女性的求偶优先项发生了变化，那么来自征婚广告栏的数据表明，男性还没有意识到这一点。女性可能在寻求有爱心、乐于分享的伴侣，而男性仍在努力挖掘老派的爷们儿特质和财富，以获得自己想要的类型。

当然，广告业本身就没什么好名声，婚恋行业也不例外。事实上，人们对征婚广告栏最常见的抱怨之一就是，广告的内容与实际情况完全不符。我猜想，大多数人对自己在婚恋市场上的价值实际上颇有些孤芳自赏，所以他们对伴侣的要求其实匹配了比他们自身更好的特质，因此，他们往往会夸大事实，以便拥有更多的选择。

如果你也想进入婚恋市场，我可能会建议你忽略人们在征婚广告中怎么描述自己，只要看他们对伴侣的要求就可以了。这能够更好地预测他们真正喜欢的类型。否则，这就会沦为一场赌博。

HOW MANY FRIENDS DOES ONE PERSON NEED?

DUNBAR'S NUMBER AND OTHER EVOLUTIONARY QUIRKS

10

爱之吻与碰鼻礼

敢于冒险的人会为下一代做出更大的贡献。

- 接吻可能是对潜在配偶基因型组成的测试。

- 敢于冒险者在繁殖中更有优势，这样的人会为下一代做出更大的贡献。

1838 年 7 月，年轻的达尔文坐了下来，写了一份有关他和表妹爱玛·韦奇伍德（来自著名的陶瓷家族）结婚的优缺点清单。但他似乎真的是在浪费时间。她是否愿意接受他，更多的是依赖于生物学基础，而不是对结婚利弊的看法。尽管年轻的达尔文没有意识到这一点，但进化确实给我们的行为带来了一系列比大多数人想象的更重要的化学影响。正当我们认为自己已经凭借那众人追捧的大脑超越了动物本能时，本能又一次从阴影中浮现出来，拍打着我们，让我们想起了无法摆脱的过去。

以接吻为例。猴子和猿类也会互相亲吻，尤其是在相互梳毛的时候。但是人类的亲吻是一件很严肃的事情，没有其他物种能做到。尽管有时人们说亲吻并不是存在于所有的人类文化中，但它确实分布非常广泛，而不仅仅取决于你和法国人离得有多近。那么，这到底是怎么回事呢？

接吻背后的故事

弗洛伊德和他的拥趸坚持认为，亲吻只是对婴儿时期的某种回归，是对吮吸母亲乳房快感的深刻记忆。成人的接吻确实有可能来源于吮吸母乳的幼年经历，但吮吸乳房和接吻并不完全是一回事。毕竟，如果亲吻真的是母乳喂养的翻版，那为什么不直接去吮吸乳房呢？另一种观点认为，这是一种求偶喂养的方式，这种行为在昆虫和鸟类中普遍存在。但求偶喂养往往是一种雄性行为，雄性会提供一些食物作为礼物送给未来的伴侣。然后雌性会对雄性进行评估。这种方式有一定的逻辑，就像为心爱的人买钻戒和貂皮大衣一样。但是当连食物都没有的时候，这些就没有意义了。而且，我们已经通过其他完美的方式做到了这一点，比如盒装巧克力、鲜花等。此外，两性往往对接吻都报以同样的热情，而求偶喂养通常是单向的。某些事情显然应该有更科学的理由。

实际上，接吻可能是对潜在配偶基因组成的测试。我们的免疫系统可以单独定义每个人，它主要由一小群被称为“主要组织相容性复合体”的基因决定。主要组织相容性复合体基因决定了身体能够识别出的可能入侵的异物范围（从花粉到病毒和细菌）。它是一组特别容易产生突变的基因，从而使我们能够适应不断变化的微观世界所带来的威胁。主要组织相容性复合体基因也会决定你的气味，因为人体的气味与免疫反应密切相关。

已经有一系列的研究表明，人们更愿意与主要组织相容性复合体基因互补的人配对。原因很明显，如果你和一个有着相同免疫反应的人配对，你们的孩子的免疫力就很有限。但是，如果你和一个免疫系统互补的人结合，你们的孩子对威胁自身的疾病就会具有更广泛的免疫力。

那么，你该如何去发现潜在伴侣是否具有与你匹配的免疫反应呢？气味是一种线索，气味显然是非常亲密和私人的东西。这就是为什么我们的香水偏好非常私密：它们似乎与我们的自然体味直接相关。实际上，我们更喜欢用那些能增强自己自然体味的香水，这也是为什么给不太了解的人买香水总是很棘手的原因。但气味是可以被掩盖的，这不仅仅是在脖子和手腕上喷洒纪梵希最新款香水，在进化史的大部分时间里，我们都是通过积累污垢和细菌来达到这个效果的。因此，解决这个问题的方法就是更加亲密一些，直接闻到自然体味。

唾液中充满了身体排出的化学物质，其中最重要的是一组被称为主要尿蛋白的蛋白质。是的，这个名称听起来不太好。但在你感到恶心之前，这个名字源自这样一个事实，即主要尿蛋白最初是在啮齿动物的尿液中发现的，它们似乎与个体识别和领地行为有很大关系。最近，利物浦大学的简·赫斯特（Jane Hurst）和她的同事发现，雌性老鼠可以仅仅根据雄性老鼠的主要尿蛋白对它们进行区分。主要尿蛋白就存在于尿液里，对动物来说，尿液是在某个领域释放信号的非常简单的方法。在我们排出的其他各种体液中，很可能也含有大量的主要尿蛋白。

下次当你在与伴侣深深拥吻的时候，你可能会停下来提醒自己：你是在选择拥有良好互补免疫反应和成功主要尿蛋白的正确伴侣……对于这种想法，也许你应该关掉你的意识，让潜意识发挥作用，一切顺其自然吧。进化并没有花费数百万年的时间来完善配偶选择的机制，所以不要想太多，那样只会搞得一团糟。

因纽特人的碰鼻礼

现在，如果有一件因纽特人的事情是大家都知道的话，那一定是他们见面打招呼的方式不是握手，而是在互相问候时摩擦鼻子。实际上，这是欧洲探险者第一次遇到因纽特人时创造出来的神话。事实上，因纽特人是在把鼻子挨着对方的脸，深深地吸气。他们也不是唯一这样做的人，新西兰的毛利人在见面时也会摩擦鼻子，这是一种被称为“碰鼻礼”的行为。他们也不算是磨鼻子，更多的是一个人的鼻子轻压在另一个人的鼻子上，象征着主人和访客在一起。

这些人在做的其实是呼吸彼此的气味，而气味是一个人真实身份的最好标记。在这个视觉主宰的世界里，我们常常忘记气味对我们有多么重要。事实上，我们对嗅觉的使用远超自己的意识，而且在择偶方面再也没有什么比气味更重要了。早在 20 世纪 60 年代，一些实验者就在一些公共厕所的小隔间里喷上了雄甾烯酮（这是一种类固醇激素，是睾丸激素的天然副产品，就是男性在剃须后没用须后水产生的那种淡淡霉味的来源）。他们最后发现，男性会避开那些"雄性化"的小隔间——他们匆忙进去后，通常会急急忙忙地出来，找到一个没有喷过雄甾烯酮的隔间。而女性却纷纷选择了喷过雄甾烯酮的小隔间。

在更新版本的实验中，塔姆辛·萨克斯顿（Tamsin Saxton）和同事在利物浦大学用雄甾二烯酮（另一种类固醇）涂在参加速配活动的女士的上嘴唇上。在速配活动中，女孩坐在一个房间的桌子前，花 5 分钟与男孩进行简短的交谈，过 5 分钟换个人，这样形成一个循环。在晚上结束时，每个人都会列出他们想要见面的人的名字，然后组织者会交换一些细节，让那些相互感兴趣的人见面。这是一个完美的实验，在这个实验中，每种性别的人都可以有好几个潜在伴侣，并有希望选出最适合的伴侣。

在这项研究中，雄甾二烯酮被伪装成丁香精油，这也有可能控制其他气味的影响。其中，1/3 的女性使用的是混合了雄甾二烯酮的丁香精油，1/3 的女性用的是丁香精油，而另外 1/3 的女性用的是水。这样，我们就可以将丁香精油的作用分离出来。

结果出人意料。涂上了雄甾二烯酮的女性不仅对速配中遇到的男性比另外两组有更高的评价，而且更有可能要求再次见他们。在某种程度上说，这是因为雄激素对深埋在大脑之中的机制产生了作用，让你对面前的庞然大物有了比现实更美好的态度。谁说浪漫已经死了？

狭路相逢勇者胜

然而，如果你所有的计划都失败了，还有一种方法可以提高你的求偶机会：那就是成为一个英雄！几年前，我的学生休·凯利（Sue Kelly）做了一个实验，她给一些女性展示了一系列关于具有不同性格的男人的描述。有些人的工作是单调乏味的，有些人从事护理工作，有些人则喜欢冒险。这些女性被要求作为一个朋友、一个长期伴侣和一夜情对象，分别对每一个男性的吸引力进行评分。有爱心的利他主义者获得了长期伴侣的最高荣誉，冒险者沦为了一夜情的对象。但冒险者们普遍被认为更有吸引力。缅因州立大学的威廉·法辛（William Farthing）在要求女性对不同男性的吸引力进行评价时得出了相似的结论：她们更喜欢英雄式的冒险者而不是非英雄式的冒险者，尽管在这两种情况下，女性都认为中等风险的人要比高风险的人更有魅力。一般来说，如果你是男性，冒险似乎是征婚广告中不错的条件，但注意不要过头：不必要的愚蠢也很致命。

那么，男人比女人更爱冒险吗？总的来说，答案是肯定的。我们在繁忙的城市中心的斑马线上进行调查时，确实证实了这一点。总的来说，男性比女性更爱冒险——换句话说，当一辆车已经接近路口时，男性更有可能冲过马路，男性闯红灯的概率也比女性高。更重要的是，相对于没有女性在场的情境，如果有女性在场，男性更有可能这样做。

这是因为男人意识到了女人会被冒险行为所吸引吗？答案大概是：男性很善于识别那些能让女性动心的东西。在研究中，休·凯利想知道男人是否了解女人的喜好，所以要求男人从女人的角度来评价相同的特质。尽管男性夸大了女性的实际偏好，但结果还是相当吻合的。

最近的一些研究从进化的观点考察了现实生活中的英雄主义。一项研究调查了卡内基奖章的获奖记录——卡内基奖章是美国一个非常有声望的国家级奖项，用以表彰在紧急情况下表现出非凡勇气的平民，例如冲进汹涌的洪流中拯救他人生命的人。这项研究揭示了一些让人惊讶的模式。男性更有可能营救或试图营救与自己毫无关系的年轻女性，而女性则更有可能去救助与自己有关系的孩子。换句话说，对女性来说，英雄主义是对孩子的投资，但对男性来说，他们似乎更多关注配对的机会。我的另一个学生明纳·莱昂斯（Minna Lyons）分析了最近英国报纸上的大量关于人们试图拯救身处困境中的人的报道。几乎所有的救援人员都是男性，其中也存在一种非常有趣的状态偏差。来自富裕阶层的男人很少扮演英雄的角色；相反，大多数救援者都来自社会经济谱系中比较贫穷的一端。莱昂斯认为，这样的人如果被认为是英雄，会在婚恋市场上有更多的收获。

我在历史上北美夏安印第安人的部落中也发现了相当类似的趋势。夏安族人中有两种首领：一种是继承了社会地位的和平首领，他们从来没有参加过战争，很早就结婚了；另一种是战争首领，他们不愿结婚，在战争时期领导部落，宁愿战死沙场也不愿被打败。一个战争首领可能最终会结婚，但前提是他能活到足够长的时间。从 19 世纪后期的人口统计数据可以看出，来自和平首领（上层社会）的继承者们几乎从未有人成为战争首领。而战争首领几乎都是孤儿，或者是这个部落里出身低贱的孩子，他们找到妻子的机会微乎其微，因为他们的地位并不具备吸引力。但是那些成功的战争首领，也就是说那些活得足够长，能够体面地退休并重新加入正常社会的人，通常是非常有吸引力的。平均而言，尽管他们结婚的时间比和平首领短得多，但他们最终的孩子的数量却多于和平首领。

冒险者在繁殖方面更成功似乎是一条定律，即使在现代英国的和平环境里也是如此。我在利物浦大学的学生吉塞尔·帕特里奇（Giselle Partridge）对男性的冒险行为进行了广泛的调查，并将其与他们一生中所生孩子的数量进行了比较。帕特里奇通过职业（例如消防员与坐办公室的管理者相比）和一份关于行为（超速罚单，有风险的休闲活动）的调查问卷测量了被试的冒险行为。面临高风险的人比低风险的人拥有更多的孩子。尽管这一解释仍不清楚（高风险的人更容易发生无保护措施的性行为，还是他们对女性来说就是更有吸引力？），但事实就是如此。敢于冒险的人会为下一代做出更大的贡献。

HOW MANY FRIENDS DOES ONE PERSON NEED?

DUNBAR'S NUMBER AND OTHER EVOLUTIONARY QUIRKS

11

离婚与出轨

没有一条能适用于所有时代和所有物种的普遍规则。

- 在哺乳动物中，单配制是相对罕见的。只有5% 左右的哺乳动物是单配制的。
- 夫妻没有孩子是导致离婚的最危险因素。
- 人类对婚外恋是高度警惕的。

几年前，我的前同事桑迪·哈考特（Sandy Harcourt，现在在加州大学戴维斯分校任教）证明，一夫一妻制的灵长类动物的睾丸比广泛交配的物种要小得多。对进化生物学家来说，这个解释是显而易见的。在广泛交配的系统中，雄性永远无法确定它交配的雌性是否处于排卵期。因此，最大程度上使雌性受精的方法就是给“她”留下尽可能多的精子，从而让之前或之后一段时间内和同一雌性交配的雄性无法成功受精。要做到这一点，就必须有能够产生超大量精子的大睾丸。对我们来说，最令人困惑的是，当哈考特和他的同事在图表上画出人类所处的位置时，正好落在了两组中间——我们既不是完全的一夫一妻制，也不是完全的自由交配。那么，人类天生到底是一夫一妻制的，还是自由交配的?

白头偕老，至死不渝

基督教传统上认为人类是一夫一妻制的物种。那么，为什么英国 1/3 以上的婚姻以及美国一半的婚姻都以离婚告终呢？为什么多达 15% 的孩子并非他们合法父亲的亲生后代？有些人认为这是一个时代性的标志：家庭价值观崩溃，社会瓦解，或者是一种现代病，人们希望包括人际关系在内的一切都不断改善。近年来，生物学家提出了另一种解释。他们发现，一夫一妻制不是一种根植于动物大脑中的、固定不变的本能。即使是曾经被认为是忠诚典范的生物，在合适的条件下也会放纵自己。

以南美狨猴和绢毛猴为例，在野外的时候，它们通常都是一夫一妻制的，雄性主要负责抚养后代。但在某些情况下，雄性会实行一夫多妻制，与一系列雌性交配。在每一年中，它们总体的“离婚率”可能高达 25%~33%。这种行为的剧烈变化通常是由雄性过剩造成的，而雄性过剩通常是由于雌性的高死亡率。由于雌性不足，无法找到配偶的雄性就会成为“巢穴助手”，这有助于它们抚养非亲生的后代。助手的存在增加了一个处于繁殖期的雄性抛弃他的伴侣去寻找另一个雌性的概率，因为找下一个异性繁殖的速度肯定比等到目前的配偶回来要更快。当雌性进入发情期时，雄性就有机会和它们进行交配，也就会有所收获。而雌性似乎对配偶的行为并不在乎：只要有雄性来帮助抚养后代，它们就不会太在意到底是谁。

如果繁殖期的雄性可以实现这种流动策略，它们的后代数量将是那些秉承一夫一妻制者的两倍。雌性的情况也差不多，而作为帮手的雄性却可以充分利用糟糕的局面。换句话说，灵活的行为模式使得处于繁殖期的雄性可以利用雌性数量不足来增加繁殖成功率。在这种情况下，新的行为模式其实是对环境变化的反应。但是，即使没有外部环境的改变，雄性也可能基于一夫一妻制的利益而采取更灵活的生殖方式。事实证明，在动物世界里也有很多关于出轨、欺骗甚至离婚的例子，那些本应该“白头偕老”的伴侣也在克服我所说的“一夫一妻制的困境”。

在哺乳动物中，一夫一妻制是相对罕见的。只有 5% 左右的哺乳动物是实行一夫一妻制的，其中灵长类动物和犬科动物（狼、豺狼、狐狸等）比大多数动物更喜欢这种行为模式。但是对某一种动物来说，一夫一妻制几乎就是铁律——大约 90% 的鸟类是成对的，至少在特定的繁殖季节都是配对的。从表面上看，这似乎是真正的婚姻幸福。但在 10 多年前，当 DNA 指纹的新技术发现雌鸟所产的卵中，有 1/5 并不是受精于它们的固定伴侣，这一事实打破了鸟类采用一夫一妻的幻象。这意味许多雄性鸟类在忙着喂养非亲生的孩子。

这到底是怎么回事呢？行为生态学家，也就是曾将一夫一妻视为合作驱动的那群人，必须改变他们对配对策略的观念了。他们开始看到了硬币的另一面：合作也带来了不可避免的被剥削的风险。

一夫一妻制中的雄性永远无法确定它们是否是伴侣所生孩子的亲生父亲。在所有的合作系统中，总是有一些人会选择“搭便车”的策略——正如上面所说的情况，离开还抱着孩子的配偶。这样，它们就能获得所有的好处而不必付出代价。一夫一妻制的困境在于，雄性是否要和伴侣待在一起，冒着被背叛的风险，或是放弃家庭生活，冒着失去孩子的风险，因为孩子的母亲不可能成功地独自抚养他们。

雄性希望拥有一切。从进化的角度来看，这意味着要想出狡猾的策略来与新的雌性交配，同时寻找方法避免抚养其他雄性的后代而浪费能量。一旦 DNA 分析表明超出了配偶之外交配的现象广泛存在，研究人员就会开始研究配对博弈是什么样的，而且防止对方出轨的策略也会被注意到。当然，也有可能是反的。最著名的例子来自卑微的篱雀。剑桥大学的尼克·戴维斯（Nick Davies）和同事已经证明，雄性篱雀可以调节它们的行为，使得它们带回巢穴的食物与它们亲生的雏鸟（这是由 DNA 指纹图谱鉴定的）数量成正比。它们是如何达成这么神奇的行为的？其实很简单，就是估算雌鸟在产卵期间离开的时间。事实证明，这是一个很好的方法，因为在这段时间里，雌鸟很有可能正在和隔壁的小伙子在灌木丛中玩耍。

人类对婚外情也是高度警惕的，如今，离婚的丈夫可以通过 DNA 鉴定来避免付前妻那个非自己亲生孩子的抚养费。几年前，曼彻斯特大学的罗宾·贝克（Robin Baker）和马克·贝利斯（Mark Bellis）计算出，在英国，有10%~13%的婴儿并非法定配偶所生。这个结果是根据人们在排卵期同时约会两个人的报告推算出来的（在5天内与自己的伴侣和另一个人交配的频率）。

在一些文化中，一夫多妻制中的男性试图将他们的妻子隔绝在闺房之中，或说服她们出于宗教原因穿着保守的衣物，因此妻子不忠的机会大大降低。这种行为实质上是一种对配偶的监管，与许多其他的动物没有什么区别。在偏爱不那么正式的、结构化关系的地方，男性和女性似乎会意识到（至少在潜意识层面）父权是一个问题。这看起来很诡异，人们似乎是在试图说服丈夫：孩子真的是你的，所以你要对孩子投入和付出。

然而，对于养育他人后代的进化成本和收益的谨慎分析表明，男性对妻子出轨的怀疑不一定会带来暴怒。尽管男性可能抚养了一个和自己没有血缘关系的孩子，但是只要能与伴侣保持满意的关系，从而与她在未来生育后代，他就会对伴侣的孩子视为己出。如果对孩子的身世问题过于好奇而在脑海里不停怀疑，可能会适得其反，甚至会导致伴侣抛弃自己而转向一个更仁慈的竞争对手。抚养其他男性的后代，可能只是为了繁衍后代而付出的代价。弗洛伊德似乎低估了压抑的好处。

处境尴尬的一夫一妻制

我们经常可以看到一夫一妻中的雄性玩离家出走。但是，一个巴掌拍不响，默许这种伴侣之外的关系可以让雌性从中获得什么呢？目前的进化观点强调了两种可能性。第一种解释可以被描述为两面下注。在理想情况下，雌性会选择对自己的后代进行投资的雄性：一个钱包鼓鼓囊囊的男人，或者一只拥有巨大领地的知更鸟。但她们也想要一个拥有良好基因的伴侣，如果是雌孔雀，它可能会通过观察异性的尾巴来判断；如果是人类女性，她就会对男性的容貌对称性进行评估。但是，女性通常不得不将一种因素与另一种因素进行比较，因为这个世界并不完美，而且很少有男性在所有维度上都有很高的分数。就算有完美的男人，他们也会被追求者淹没。因此，也许女性可以通过与一个优秀的“供应商”合作，并让他（但不是所有人）对她的怀孕做出最大的贡献，同时把剩下的部分在恰当的时候分配给其他质量更好的伴侣。

第二种解释是：可以迫使她的伴侣对她更上心。马格纳斯·恩奎斯特（Magnus Enquist）和他在斯德哥尔摩大学的同事使用了一个简单的数学模型来证明这一点，雌性可以通过这种方式让它的伴侣与另一只雄性进行竞争，以防止它们的雄性伴侣寻找其他雌性进行交配。但是，这其中也是有底线的。马丁·戴利（Martin Daly）和马戈·威尔逊

（Margo Wilson）利用来自世界各地的数据证明了，绝大多数发生在人类身上的配偶谋杀案都是由真实或可疑的不忠行为引发的。男性和女性都经常使用攻击行为作为胁迫手段，试图阻止配偶抛弃自己，但有时男性会行为失当。

即便如此，对很多物种来说，同性嫉妒似乎是维持伴侣联结的第一道防线。南美实行一夫一妻制的一种猴子，雌性对陌生同性的接近非常不宽容，还会把它们赶走。我在野外工作时也观察到类似的行为，发生在被称为“岩羚”的非洲小型羚羊身上。

瑞典隆德大学的玛丽亚·桑德尔（Maria Sandell）对欧洲椋鸟的行为进行了实验研究。在产卵期，陌生的雌鱼被放置在靠近巢箱的小笼子里。看到第二只雌性的雄性表现出了巨大的兴趣，但雌性对这些竞争对手却非常警惕。更重要的是，桑德尔证明了，相对于那些不那么敌对的雌性，对竞争对手更具攻击性的雌性更有可能在整个繁殖季节与雄性维持一夫一妻制的关系。

尽管如此，进化的利益表明，个体应该对突然出现的繁殖机会保持开放的态度。因此，当看到新的更好的机会出现后，伴侣关系解除时，我们也不会感到特别惊讶。研究人员发现，即使在像天鹅这样的鸟类中，“离婚”也很常见。与伴侣解除关系的数量估计差异很大，无论是在物种之间、物种内部，还是在种群之间。康奈尔大学的安德烈·东特（André Dhondt）发现，超过半数的比利时大山雀都“离过婚”。这些雌性不仅经常离婚，而且它们通常也会在以后生育更多后代时受益。然而，雄性就没有这么幸运了。

未能抚养后代是导致鸟类离婚的常见原因之一。没有孩子也是导致人类离婚的最危险因素。在一些文化中，妻子若患有不育症，将面临离婚并被送回父母身边。妻子不忠则可能会受到死亡的惩罚。然而，与人类一样，在鸟类社会中也有许多其他的离婚途径。内华达大学里诺分校的刘易斯·奥林格（Lewis Oring）研究了北美的一种小水鸟（一种北美鸻），并观察到了鸟群中的“家庭破坏者”，即插入其他夫妻中，将同性成员驱逐出去后接管其配偶的鸟类。格拉斯哥大学的鲍勃·弗内斯（Bob Furness）也曾在大贼鸥身上看到过类似的行为，这种鸟的残暴名声已经广为人知，因为它总是试图赶走已有配偶的同性，有时甚至会导致被取代者的死亡。

如果这一切说明了什么的话，那一定是没有一条能适用于所有时代所有物种的规则。在生物学中，有一些普遍适用的关键原则，但是一夫一妻制、离婚和一夫多妻制的模式在不同物种之间以及不同物种内部确实有所不同，使得这些原则得以适应当地的生态和人口条件而发挥作用。但凡有不错大脑的动物（当然包括人类）都会用大脑调整自己的行为，利用自己当下所处的环境。正是由于有了其他选择，才有可能改变行为策略。动物和人都会选择自己的配偶以及与其相处的时间，而这些决策在很大程度上要看他们能否与目前的配偶保持良好的关系，包括从一个配偶转向另一个配偶，或者玩一种更微妙的游戏。

和其他一夫一妻制的物种一样，人类男性希望独占配偶未来的生育权，但他必须小心行事。配对归根结底是一种合作的博弈，而不是强制的——过于激进的警觉策略很可能会把雌性赶走，使其出走。例如，在加利福尼亚的大蜥蜴中，占有领地较多的雄性交配次数反而更少，这是因为它们会把雌性从自己的领地上吓跑。密歇根大学的巴巴拉·斯马茨（Barbara Smuts）已经证明，过于好斗的雄性狒狒也会遭遇同样的命运——雌性狒狒会拒绝它们的追求，转而青睐社交能力更强的雄性狒狒。

亲爱的，看看你的 DNA

媒体上对催产素这一定义一夫一妻制的所谓“爱情激素”的报道，引发了巨大争议。事实上，催产素似乎只对女性有这种效果。对男性来说，一种与之相关但相当不同的神经内分泌激素是加压素，加压素似乎才是一夫一妻制物种体内的活性成分。加压素似乎在调节一夫一妻制物种中雄性的行为时起着重要作用。当在雄性的大脑中注入加压素时，雄性啮齿类动物对雌性和幼鼠更加宽容，更愿意参与亲昵行为，也没那么咄咄逼人。人们已经开始猜想加压素是否能在人类身上起到类似的作用。鉴于我们在判断人类是一夫一妻制还是自由交配物种的问题上还存在困难，也许问题不在于所有的人类男性都热衷于加压素（因此是一夫一妻制），而是在于男性在滥交行为方面存在着个体差异。

斯德哥尔摩卡罗林斯卡医学院的哈塞·瓦隆（Hasse Walum）和他的同事研究了552对瑞典双胞胎兄弟的大样本，探索了加压素受体基因和男性婚姻稳定性之间的关系。他们检查了具有加压素受体编码区域的一些基因，最终发现了一种特定的基因位点——RS3，这个点可以作为男性在夫妻关系牢固性评分中得分高低的一个函数，该评分正是用于衡量其婚姻忠诚度的。在这个位点的11种不同的基因变异中，334型等位基因表现出了最强烈的作用。

携带一个或两个334型等位基因（也就是继承自父母的一方或双方）的男性在伴侣关系承诺量表上的得分低于那些携带了10个其他基因变异的男性。他们更有可能与伴侣一起生活，但不会结婚，这表明他们对婚姻的忠诚度降低了。33%的双334型等位基因的男性报告自己在过去一年内曾遭遇婚姻危机，但只有16%的携带单个334型等位基因的男性和15%没有334型等位基因的男性有同样的感受。而样本中所有的男性都和伴侣在一起生活了至少5年，至少有一个孩子。

在取自瑞典的样本中，约 4% 的男性携带了两个 334 型等位基因，36% 的人有一个，近 60% 的男性没有携带该等位基因，而后者是一夫一妻制中的不错选择。尽管那些携带了两个这种恼人基因的人的数量看似非常少，但大约 1/3 的男性都比较危险。魁北克的丹尼尔·佩吕斯（Daniel Pérusse）在一个大型调查中也发现了类似的比率。他发现，魁北克约 1/3 的人存在习惯性滥交行为，而 2/3 的人是遵守一夫一妻制的（至少处于一段稳定的关系之中）。

从魁北克这个研究中可以看出，作为个体而言，滥交型男性在一生中比遵守一夫一妻制的男性要生更多的孩子（基于交配的频率和受孕的概率），这两种男人繁殖率的差异正好平衡了两者在人口中的比例。这说明一夫一妻制和滥交是一种平衡的进化多态性，几代人之间以这两种具有不同收益和成本的策略的不同比例来达到平衡。

虽然人们倾向于认定加压素是男性的“一夫一妻制基因”，并从这个角度来阐释这些研究结果，但这几乎可以肯定是不成立的——因为生命遗传学很少如此简单。行为往往是由基因中的易感性所造成的，但它们并非基因本身的直接结果。因此，在由爱丁堡大学的多米尼克·约翰逊（Dominic Johnson）和同事进行的一项研究中，我们发现：拥有 RS3 基因的雄性在面临威胁时倾向于积极反击，即使是微不足道的挫折也能使得拥有 RS3 基因的男性立即暴怒。因此，拥有 334 型等位基因的男性并不是由基因决定的滥交人群，相反，他们只是在行动之前不加思考而已。

姑娘们，这一切似乎表明，哪怕你从人群里随便挑一个男性，都有 60% 的概率会选到一个靠谱的伴侣。更确切地说，似乎老式的烟蒂小游戏可能真的是选择配偶的聪明方法。给他一根香烟，在他抽完之后把烟蒂送到遗传学实验室，让实验人员从唾液中提取出他的 DNA 样本，然后扫描 RS3 基因位点上是否有 334 型等位基因。如果结果是阳性，那嫁给他就不太妙；而如果两个结果都是阳性，我劝你还是再找别人吧。

PART 5

社群与基因

HOW MANY FRIENDS DOES ONE PERSON NEED?

HOW MANY FRIENDS DOES ONE PERSON NEED?

DUNBAR'S NUMBER AND OTHER EVOLUTIONARY QUIRKS

12

未曾远离的先辈

探索历史和祖先是非常有趣的事情，但不要因此而焦虑和绝望，
因为未来和未来的我们，才是最重要的。

- 成吉思汗的基因：从性别选择的角度进行解释，拥有成吉思汗单倍型基因的男性在繁殖的过程中有突出的优势。

- 大规模移民很可能导致那些身处移民大潮中的不幸群体灭亡和换血。

- 奴隶制既有古老的历史，也有非常近代的历史。

有一种陈词滥调认为，我们的过去都在基因之中。实际上，这种说法毫无新意，了无生趣。现代基因学研究已经在我们的近代历史中发现了一些有趣的东西，洞见了历史典籍之外的奥秘。人体染色体中的 DNA 确实可以追溯我们的历史。但由于我们从父母双方各继承了一半的基因，有些基因只会通过某一方来传承。如 Y 染色体只能由父亲遗传给儿子，确保雄性血统的连续性。与之相反，线粒体基因只从母亲那里传递。线粒体是为细胞活动提供燃料的细小能量库。在很久很久以前，它们本来是一些自由自在的病毒，然后在某些“合适的”动物细胞内安了家。在这些细胞里，病毒在环绕着细胞核的细胞质里生长，而染色体位于细胞核之中。因此，线粒体只能通过卵子遗传，所以它总是来源于母亲，使得我们可以追踪母系族谱。

我们都是成吉思汗的后代吗

如果你正好姓“可汗”，那么很有可能你就是成吉思汗的后裔，但如果你不姓“可汗”，也别灰心——现代基因学表明，你在一定的概率上可能也是成吉思汗的后代。最近一个有关Y染色体的研究发现，所有男性人口中，竟然有0.5%的人都遗传了成吉思汗和他兄弟们的Y染色体。如果你的祖先来自蒙古国的中亚腹地，这一概率则是8.5%，也就是12个人中就有一个人拥有成吉思汗的基因。

最令人震惊的发现源自一个亚洲人的DNA研究，样本覆盖了从日本到黑海的广阔范围。样本中大多数人的Y染色体显示出正常的DNA类型，也就是所谓的“单倍型”，有近200人则拥有一套非常相似（有的甚至一模一样）的基因特征。这一套由18种单倍型组成的基因特征，让这一群人与样本中的其他60多种单倍型人群区分开来，成为一个特殊人群。

这个研究团队在这一特殊的单倍型群体身上发现了两件非常有趣的事情：第一，他们都来自蒙古国；第二，整个中亚都存在着这种人群。而其他的单倍型都只在特定的地域才有分布。

至于一种基因谱系为什么会像这样，分布得又集中又分散，进化理论为我们提供了三种可能的解释。第一种解释是，这种现象纯属偶然，而这对该谱系的遗传者而言既不是优势也不是劣势，它的分布是基因漂变的结果；第二种解释是，这种基因是一种特殊的优势，是为自然淘汰服务的；第三种解释是，从性别选择的角度看，拥有这种单倍型的男性在繁殖的过程中拥有突出的优势。

只要进行简单的计算，我们就能证明第一种解释不可能正确：即使是最保守的估计，这种基因分布的概率也低于亿分之一。而第二种解释看起来也不太合理，Y 染色体极小，除了能将胎儿变成男性的基因，它不含有其他基因了，所以只剩下第三种可能的解释了。而且，历史也对我们有所启发。如果快速回顾历史，我们就能定位到让这一切变得合理的事情：成吉思汗的蒙古帝国。

我们如果将两件事情拼接在一起，就能让第三种解释变得非常合理。第一件事情是，这种特殊的单倍型人群都无一例外地来自成吉思汗统治的领域，而这种特殊的单倍型在蒙古国之外的亚洲地区都没有发现。第二件事情是，这种单倍型人群的起源时间是多久以前。我们的很多基因都没有什么实际功能，如不能为身体必需的蛋白质的合成指定遗传密码，它们只会随着随机突变而改变。这就使得生物学家可以用它们作为一种分子钟，计算一般基因和无用基因的差异数，再除以基因变异的速度。这样我们就能估算到多久以前，它们共有同一个祖先。2002 年，当研究者们用这个方法计算这一特殊人群中的 18 种单倍型时，得到了答案：860 年。成吉思汗出生于公元 1162 年，正好是 840 年前。面对这一结果，神探夏洛克也会说：这绝对不是巧合。更有趣的是，这表明这种奇异单倍型最初的变异，可能不是从成吉思汗开始的，而是比他更早的一代——他的父亲也速该。

当也速该最小的儿子铁木真在1206年统一四散的蒙古部落，并获得“成吉思汗”的称号时，他已经控制了一支令人生畏的军队。在一系列闪电般的袭击之后，成吉思汗攻占了北方的大部分地区，然后拿下了哈萨克斯坦，一路向西直到黑海，创建了历史上最大的帝国。他那支久经沙场的军队所向披靡，无人能挡。

可怜的欧洲原住民

苏格兰的独立宣言是1320年的《阿布罗斯宣言》（*Declaration of Arbroath*）。其中有这样一句话：苏格兰人“一路从伟大的塞西亚……到达他们如今居住的西部的家”。然而，谁才是塞西亚人？事实上，公元前3000年就有一群牧民生活在蒙古的西部边缘，他们逐渐西行到如今咸海附近的乌兹别克斯坦，然后翻过高加索山脉的格鲁吉亚，最终从乌克兰进入东欧。

苏格兰人真的是塞西亚人的后代吗？应该不是吧……苏格兰人从来都不是英国人，所以也不应该臣服于英王爱德华二世——这不过是为了说服罗马教皇批准苏格兰独立的政治说辞而已。虽然这份宣言牵强附会，但宣言的起草者们似乎也不算太不着边际——至于他们怎么知道的就是另一回事了。大多数的欧洲人事实上都是印欧大扩张者的后裔，这一次扩张起源于公元前3000年俄国南部的草原地带。塞西亚人的故事基本上发生在这次大扩张的尾声，他们最远也没有走出乌克兰。然而，现代基因学的奇迹告诉我们，印欧大扩张对之后几千年的欧洲居民进行了大换血。如今，除了一小部分语言外，基本所有的欧洲语言都源自早期印欧移民的语言。

似乎只有巴斯克人在这场移民狂潮中存活下来了，完好地保存了自己的民族身份（或基因）。在比利牛斯山营寨的庇护下，巴斯克人的祖先一定看到了自己营寨的山脚下那浪涌般的入侵者和漫天的侵略。因为险峻的地势，巴斯克人得以毫发无伤地存活下来，远离了这场改变了整个欧洲面貌的浩劫。

至少，我们可以从语言学和遗传学的双重证据得出这一结论。长久以来，语言学家就知道巴斯克语是很古怪的。它和欧洲其他的语言完全无关，一点都不像其他欧洲语言。除了少数例外，欧洲大部分的语言都是印欧语系中的一部分。其中最著名的例外就是芬兰语和匈牙利语，这两种语言都是在蒙古入侵后形成的，匈牙利语还与著名的匈奴王阿提拉和他的伙伴有关。印欧语系是一个非常庞大的语系，包括了西部偏远地区的盖尔语，几乎所有的现代欧洲语言，现代伊朗和阿富汗的波斯语和普什图语，梵语和乌尔都语以及它们在印度北部的分支，一直到孟加拉国最东部的孟加拉语。这些语言的近亲关系反映在许多相似的日常词语中。英文中的“brother”（兄弟）一词，在印度梵语中写作“bhrater”，盖尔语中则写成“bràthair”，而明显和东非斯瓦希里语中的“kaka”完全不同。梵语、盖尔语和英语因为印欧大扩张而拥有共同的近代祖先。

巴斯克语是欧洲的一个例外。它基本和印欧语系没有任何相同之处，比如巴斯克语中兄弟是“anaia”。作为一种语言，它看起来完全是异常的，尽管一些语言学家声称，它最近的语系是俄罗斯南部草原一些高加索语系的残余分支，它们也是德内–高加索语系（Dene-Caucasian）中的一部分。而让这一语系如此独特有趣的原因在于，德内语作为纳–德内语（Na-Dene，北美印第安语族）的组成部分，说这种语言的人目前分布在美加交界的地带，从太平洋的东海岸一直往东延伸到五大湖畔。接下来，我们要通过回溯找到印欧语系和德内–高加索语系的共同关系。

基因已经给了我们理解它的全新视角。与语言一样，巴斯克人在基因上也是欧洲的异类，他们和欧洲其他人的基因基本没有什么联系，尽管他们和早期凯尔特人（其实也是早期印欧移民的一部分）有一些相似之处。我们来举个例子：现代印欧人中拥有 Rh 阴性基因的比例只有 2%，美国黑人的比例是 4%~8%。但在巴斯克人中，这一比例达到了惊人的 35%，而高加索人中则是 15% 左右（这也是语言和巴斯克人同源的人群）。所以，巴斯克人可能是在我们的印欧祖先出现之前，欧洲原住民最后的吉光片羽了。另外有一些人认为，正是巴斯克人的祖先创作了 12 000 到 30 000 年前西班牙北部和法国南部洞穴里那些令人称奇的壁画。

那么，在我们为祖国和移民忧心的现在，我们是不是要考虑一下巴斯克人这一欧洲的原住民？会不会有这样的可能：如果巴斯克人是纯正的欧洲原住民后代，他们会不会合法地要求更多的欧洲领地？而如果我们答应了他们的要求（出于礼貌，我们当然会啦），今天的欧洲人还愿不愿意回到俄罗斯南部的故土呢？

大规模移民很有可能导致那些身处移民大潮中的不幸群体的灭亡和换血。当印欧移民潮从远东袭来而迫使欧洲原住民西行时，也发生了这样的事情。而像巴斯克人这样，虽然在孤立绝境中得以存活，但已经与欧洲其他部分截然不同了。印欧人基因的分布区域从现代欧洲的东部转移到西部就是证据之一。当然，更近代历史中的北美和澳洲也上演了同样的故事，那里的原住民被迫缩小成社会文化和经济方面的孤岛，长期来看，他们作为独特种族社群的前景是暗淡的。

然而，经济贸易和军事征服有着不同的影响。它们基本不会导致整个社群的灭亡，尽管贸易者和入侵者都会留下自己的痕迹。因为大多数商人和军人都是男性，所以这些痕迹都明显具有 Y 染色体的烙印。

有时候，这些人其实很清楚自己的来历。比如，巴基斯坦北部的勃律人、卡拉什人和帕坦人都声称自己是公元前 327 年亚历山大领导的希腊军人的后代。巴基斯坦正是亚历山大征战的最东端。你可以想一想，亚历山大和他的军队在巴基斯坦并没有盘踞很长时间（主要是由于亚历山大在 32 岁英年早逝），但在离开后，他们的名字却深深烙印在被他们征服和掠夺的人群之中，这还是很了不起的。但是，在最近一次对约 1 000 名帕坦男性的基因分析中，科学家在少数一些人中发现了只出现在现代希腊和马其顿人中的特殊基因。虽然证据比较弱，但确实存在。民间传说可能是真实的。

而激发同时代的腓尼基人的不是战争，而是经济贸易。从公元前 330 年到公元 1500 年的时间里，腓尼基人的贸易范围覆盖了整个地中海，从现在的黎巴嫩到西部的叙利亚。当罗马人在中世纪到来之前的最后几个世纪里艰难残喘时，腓尼基人早已消失了。腓尼基人并没有像罗马人那样到处留下痕迹，影响近代历史。但腓尼基人创造了最早的字母。现代字母表中很多字母都源自迦南 – 腓尼基字母。腓尼基人志不在军事掠地，而只在围绕着地中海建立商业领地，还有证据表明他们曾经拓展到了不列颠群岛。

最近，对于地中海沿岸男性 Y 染色体的一项复杂分析试图揭秘腓尼基人的基因图谱。那些没有实际功能的染色体比那些有实际功能的染色体具有更高的变异率，随着时间的推移，这些染色体可以标识某些特定区域的男性血统。在这项研究中，分析集中在腓尼基人贸易往来的大本营，包括克里特岛、马耳他、撒丁岛、西西里岛西部地区、西班牙南部和突尼斯沿海地区，并将它们与历史记载中没有出现过腓尼基人的地方和希腊人曾经统治过的地方进行比较。结果发现，那些特殊的Y染色体类型很有可能就是腓尼基血统。如果你恰好有这些基因类型，你应该知道它们的名称：J2、PCS1+、PCS2+和PCS3+。如果你拥有其中一种，你父亲一定是腓尼基人，确定无疑！

奴隶制被忽略的近代历史

2007年是英国废除奴隶制200周年，因此“奴隶制”又成了人们眼中的热点词。然而，在一片唏嘘声中，我们很有可能忽略了一个事实：奴隶制既有古老的历史，也有非常近代的历史。可能英国人自己也忘了，历史告诉我们，英伦各岛人民和其他地方的人一样，都曾被迫背井离乡，卖身为奴。苏格兰人没怎么受这种苦，但是在罗马统治英国的相当长的一段时间里，英格兰的凯尔特人不得不前往罗马开始奴役生涯。有一种说法是：在罗马帝国的鼎盛时期，意大利人口中有1/4~1/3的人都是奴隶。罗马的经济完全依赖于奴隶劳动，而这些奴隶来自未知世界的各个角落。

罗马帝国解体之后，这些备受苦难的岛国人民的处境依然没有好转。公元 410 年，罗马军团急转直下，分崩离析，之后两个世纪内盎格鲁人、撒克逊人、弗里斯人和来自北海的朱特人陆续侵扰，让在罗马时期自力更生的不列颠人和凯尔特人雪上加霜。对现代英国南部人基因组成的研究发现，从威尔士到东安格利亚，凯尔特人的基因变得越来越罕见，而大陆上的盎格鲁 – 撒克逊人的基因越来越常见。但是，东南部男性居民的 Y 染色体中的 50% 都具有大陆的盎格鲁 – 撒克逊人血统，女性则不然。伦敦大学学院的马克·乔布林（Mark Jobling）和同事进行了计算机数据运算，发现一小部分的盎格鲁 – 撒克逊男性与相当比例的凯尔特女性组成夫妇，而将凯尔特男性排除在外。我们可以从历史中发现一些线索，比如“Welsh”（威尔士）这个名字来自盎格鲁 – 撒克逊语中的“wealasc”，这个多义词可以被翻译成“外国人”或“奴隶”（对进入此地的盎格鲁 – 撒克逊人来说，这两个意思一样）。事实上，“wealasc”甚至没有跟盎格鲁 – 撒克逊人一样的法律权利，他们最终用了近 500 年才消除这一社会和法律上的种族隔离。

尽管苏格兰人和爱尔兰人没有像这样遭到罗马人和盎格鲁 – 撒克逊人的毒手，但他们遗世独立、不受侵扰的日子也没有持续多久。冰岛人基因里的秘密在深藏近 10 个世纪之后，终于被现代基因学家发现。令他们吃惊的是，冰岛人体内的 Y 染色体源自相当传统的挪威和斯堪的纳维亚半岛的其他地方，而 50% 的冰岛女性却惊人地拥有凯尔特人血统。你觉得她们来自哪里呢？是的！苏格兰和爱尔兰——男人们在去冰岛的路上，顺手带上几个苏格兰和爱尔兰女子开启新生活，谁让自己的斯堪的纳维亚妻子厌恶海上航行，也受不了去火山口开启新生活的苦呢！

所有这一切让历史和我们看待历史的方式都发生了有趣的转变。比如，苏格兰人和爱尔兰人应该要回本地的女性吗？金融危机已经危及冰岛的存在了，我在想：冰岛女性会不会想回到不列颠群岛呢？或许，她们应该要求赔偿和补偿，但是向谁要呢？在30代人之后，她们的基因和她们在冰岛做出的社会贡献已经无法补偿了。无论如何，冰岛女性有着一半凯尔特人的血统意味着什么呢？她们另一半的挪威血统怎么办呢？我估计她们还是更愿意留在冰岛吧？

那么，那些1 000年前被赶到意大利远郊，在罗马政要别墅里做奴隶的英国人的后代呢？历史久远，已经难再追究了。哪怕从那以后他们的后代就一直停留在意大利的较低阶层里，他们现在也都是意大利人了。探索历史和祖先是很有意思的，但不要因此焦虑和绝望。未来和未来的我们才是最重要的。

HOW MANY FRIENDS DOES ONE PERSON NEED?

DUNBAR'S NUMBER AND OTHER EVOLUTIONARY QUIRKS

13

追寻遥远的祖先

人类的祖先，这么近，又那么远。

- 人类的历史很长，可以追溯到 700 万年前人猿分离的时期。

- 在类人猿分化的时候，出现了几种不同的物种，这些物种的分布非常广泛。

- 古人类的壁画和艺术品告诉我们，在贯穿数万年的历史长河中，他们发现了美。在艺术的内部，埋藏着现代人类文化的基础，从文学到宗教，甚至是科学。

人类的历史很长，可以追溯到大约700万年以前——这是我们的祖先与所属的非洲猿类的其他成员分道扬镳的时间点。然而，从那时到现在，这一路的发展并非一目了然的。有很多没有走到最后的“盲点”，尽管其中一些过渡物种在消亡之前也曾繁荣过成千上万年，比如许多南方古猿（在600万年前到200万年前分化成了多个不同的猿类），从非洲迁移到现在北京附近的早期直立人物种，以及欧洲标志性的尼安德特人。同样，我们这脆弱的谱系也有很多时刻在濒临灭绝的边缘徘徊。现在的遗传学证据表明，所有现代人类都是大约20万年前生活在非洲的5 000名育龄妇女的后代。这么小的繁殖种群，其实很容易就会消失得无影无踪。

但事实上，我们生活在一个相当特殊的时代。我们是遗传谱系中现存的唯一物种，这也是我们这个谱系700万年历史上的第一次。在过去的一万年中，我们的谱系中唯有一个物种存活是很不寻常的——在此之前，同一谱系中一直有好几个物种共存，有时多达6种。在这些现已灭绝的物种中，有许多存活的时间比人类的历史还要长。更让人惊讶的是，我们的谱系中一些现已灭绝的成员一直存活到距今很近的时代，足以与我们比肩。欧洲尼安德特人的灭绝就在 28 000 年前。6 万年前，最后一支直立原始人在中国灭绝。在印度尼西亚的弗洛雷斯岛上，这个群体中的一名矮小成员可能活到了 12 000 年前。所以，谁才是我们的亲戚呢?

霍比特人，奇幻史诗

我们永远都不会知道她的名字。其实，我们永远也不知道她是否有名字。但是当 2004 年她的遗骸在印度尼西亚弗洛雷斯岛的一个洞穴中出土时，她引起了可以与好莱坞电影明星相媲美的轰动。她在 12 000 年前默默无闻地死去，却因偶然的机会而一举成名。

不久之后，被戏称为“霍比特人”（The Hobbit）的她和她的同类（事实上，当时人们总计发掘出了 5 具遗骸）令古人类学界兴奋不已，并让全世界的媒体都陷入了一场狂欢，人们声称人类进化的故事将会彻底改写。

相比之下，故事的结局显得平淡很多，尽管真相大白总是好事。霍比特人当然非常独特，所以人们用她的家乡将其命名成一个新物种，即弗洛雷斯人。但并非由于她是我们的直系祖先才让她如此具有新闻价值——事实上我们可能在大约 100 万年前和她拥有一个共同的祖先，而是由于她的同类存活了如此之久。

基于现有的化石证据，我们对人类进化的理解就是这样的。经过长期的“猿人”阶段（典型例子就是著名的出土于埃塞俄比亚的 330 万岁的“露西”化石，“露西”的名字源自著名乐队披头士的歌曲《露西在缀满钻石的天空中》，因为挖掘这具骸骨的挖掘机当时正在播放这首歌），我们的祖先经历了一个相对快速的转变期，也就是在 150 万年前，由此变成了更近似人类的“直立人”。虽然大脑的大小从早期类人猿的 350 毫升增加了不少，但是它离我们在现代人类中发现的 1 250 毫升的脑容量的距离还是很遥远的。然而，我们在直立人身上所发现的是一种全新的身体形态，它有着和现代人类同样长的腿，更窄的臀部和桶状的胸部——这些都与一种更有效的行走方式有关，更加适合游牧式生活的长距离迁徙。

直立人的身体是为长距离行走设计的，然后他们就开始征服世界了，他们在 100 万年前首次走出非洲大陆，并迅速占领了亚洲大陆最远的角落。在很长一段时间里，并没有什么有趣的事情发生，来自非洲的欧洲人和东亚人也没什么区别。但在随后的几万年里，亚洲人走出了自己的道路，与他们的非洲表亲断绝了关系。

距今大约 50 万年前，一些非洲人开始经历快速变化，主要是脑容量的急剧增加，令一大批非洲人离开非洲进入了欧洲。在接下来的几十万年里，非洲的新人种彻底变成了现代人类，并在非洲再次暴发（大约在 7 万年前）。然后，在接下来的一万年里，这一新人种占据了非冰河时代的旧世界的每一个角落（包括澳大利亚），乃至最终于 16 000 年前穿越白令海峡到达了美洲。

当这些新兴的现代人到达远东地区时，他们似乎接触到了在中国落后地区生存的东亚直立猿人中的幸存者，而他们的非洲同族早已绝迹或进化成现代人类形态了。据我们所知，这些亚洲的直立猿人到 6 万年前为止无一幸存——就是现代人类出现在他们家门口的时候。考虑到我们开疆拓土的历史记录，这是巧合吗？

弗洛雷斯岛的那位身材矮小的女士的遗骸改变了这一切。她和她精神矍铄的亲属们也许就生活在 12 000 年前——在地质时代上与我们已经非常接近了。现代人类一定是在去澳大利亚的途中，在印度尼西亚的森林里遇见了他们，因为现代人类是在大约 4 万年前到达澳大利亚的。

霍比特人和她的亲戚们并没有什么特别之处，除了个子矮小之外。我们如今对矮小的人类已经很熟悉了——中非俾格米人和南亚森林的矮小黑人并不比霍比特人高多少。但是，所有这些现代矮小人类都有和我们一样大小的大脑，而霍比特人和她同族的大脑并不比我们共同的猿人祖先大。

令众人惊讶的是，研究人员还在他们的骨骼旁边发现了一种精巧复杂的石器，还有用火和猎捕大型动物的痕迹（包括现已灭绝的、令人生畏的剑齿象和存活到现在的科莫多巨蜥）。对一个 5 岁大的人类孩子来说，杀死 1 000 公斤重的剑齿象可不是一件简单的事情，这些迹象充其量也只能说明当时的人们之间存在着某种程度的协调、规划与合作。当然，他们使用的工具很可能是现代人类所创造的。但如果是这样的话，就引发了一个问题：这些工具和霍比特人及她的朋友是如何在同一时间到达同一地点的？在这种情况下，通常得出的结论是，工具制造者吃掉了这些使用工具的人。这并非完全没有可能——毕竟，现在在西非，人们还是会热衷于烹饪黑猩猩和大猩猩（gorilla），而猴子在印度等地也是一道美食。对我们的祖先来说，霍比特人似乎不比另一只猿猴更重要。但是，到目前为止，还没有确凿的证据证明霍比特人确实是被吃掉的——只是有一些信号，比如骨头上的切割痕迹、骨髓的破裂以及可能被煮了吃掉的痕迹（骨头上的烧焦痕迹），因此这一切还值得商榷。

还有一点值得注意的是，在附近的婆罗洲（弗洛雷斯岛所属的印度尼西亚的最大岛屿之一），当地人民长期以来一直声称他们很熟悉森林里的三种人——丛林人、长毛人，以及小矮人。也许小矮人就是民间关于接触霍比特人的记忆残片，我们差一点就可以跟霍比特人打个照面了。

人类的共同祖先

直到最近的时代，非洲的地质层（或世界任何地方）还从未出土过任何超过450万年历史的古人类化石。然而，2000年，一个法国研究小组在肯尼亚中部的巴明戈湖附近的图根山发现了一种类似人类生物的碎片，距今约有600万年的历史。他们总共发现了12个碎片，包括肢骨、颌骨、手骨和一些牙齿，这些碎片至少来自4个不同地方的5个人。这些标本被命名为“图根原人”，但他们“千禧人”的绰号很快就传开了。

接下来的一年中，往西1 600公里，另一个在西非几十年都毫无斩获的法国化石搜寻队，竟然在乍得撒哈拉沙漠南部边缘的角落发现了一个几乎完全吻合的头骨，以及一些下颚和牙齿碎片。它们的时间稍早一些，在600万~700万年前。这些人被昵称为“图迈”，后被正式命名为乍得沙赫人。

关于它们生活的时间，来自现代人类和黑猩猩的分子级别数据都证明了大约可以追溯到600万年前。这非常令人兴奋。

图根原人的化石包括两个保存完好的大腿骨，它们的形状与最早的南方古猿的小型股骨形状很相似（但大得多）。尽管有双足动物的特征，但人们很难确定这些股骨是否真的来自两足行走的步行者，而不是更传统的四足动物，因为它们的下端不见了。对现代人类以及所有没有争议的原始人而言，当他们的膝关节跪在平坦的地面上时，股骨轴是向外突出的。这使得我们在步行前进的任何时候，都可以保持身体重心直接压在与地面接触的脚上。与此相反，所有习惯四肢行走的猿类的股骨都是垂直的，这使得它们用两条腿走路时非常笨拙。

尽管腿骨不能完全排除直立行走的可能，但图根原人的上臂骨碎片与现存的黑猩猩有一些相似之处，暗示了一部分树栖的生活方式。指骨的弯曲形状更是加强了这种树栖生活的可能性，这是爬树类人猿的一种典型特征，而不属于现代人类。

发现于乍得的稍为久远一些的证据带来了更多争议。发现者声称，这一物种是人类家族中已知最古老的成员，因为它具有非常完整的头骨特征（眉脊和小犬齿），这些特征只存在于早期人类身上。虽然脸的前部与后来的原始人有相似之处，但从后面看，乍得沙赫人的颅骨看起来更像大多数其他猿类头骨，其颅骨体积完全符合现代黑猩猩大脑的范围。更重要的是，它们的枕骨大孔（头骨底部的孔，脊髓穿过这个孔将脊椎和大脑联通）的定位似乎对着头骨后面（就像大猿一样），而不是在头骨的中心（就像人类一样，以及所有原始人的化石都是头骨垂直于脊柱而平衡的）。而这一切，都更符合四足动物的移动方式，看起来它们更像是猿类。

尽管存在这些不确定因素，但很明显，无论是图根原人还是乍得沙赫人，在人类家族与黑猩猩家族分道扬镳的关键时刻，它们都是非洲大猿家族的重要成员。生物学方面的一个非常有趣的事情是：在一些较早的阶段，我们的祖先首先搬离了所有类人猿喜欢的大森林，去往更加开放的树林栖息地——羚羊和叶猴科的化石也出现在图根原人的遗址，说明它们居住在树林而非森林区域，表示这一支早期类人猿物种可能是在冒险探索这个新的世界。

这两种新化石指出了两个关键结论。首先，在类人猿分化的时候，出现了几种不同的物种。其次，这些物种分布非常广泛——生活在乍得中部这样的地区的现代类人猿远离了森林，而离它们最近的猿类生活在其南大约 650 公里的地方。

美轮美奂的史前壁画

与此同时，在欧洲，我们又错过了一次与历史握手的机会——这一次是创作了西班牙和法国南部洞穴的神奇史前壁画的艺术家们。

我们的故事开始于1879年的一天，一个无聊的小女孩和她的父亲在洞穴里探险。小女孩偶然看到了洞顶，随即，她有了一个惊人的发现。在她的头顶上，野牛、鹿和马或转来转去，扭动着争夺空间；或静静躺在那里咀嚼，一切都跟史前画家们在18 000年前画下它们时一样生动鲜活。这个洞穴位于西班牙北部的阿尔塔米拉，后来证明，它绝非独一无二的——在欧洲大约有150个已知的史前艺术洞穴遗址。这些艺术作品非常精致。在黑暗的洞窟中，我们很容易就会联想到是某些神秘人物以看不见的手穿越历史长河创作了它们，相信没有人不会为此动容。

画像中，在一个古老的画廊的角落里，有一个孩子的手，周围涂染着各种颜料。如果洞穴守护者允许的话，你可以用你自己的手去感受那些轮廓，隔着几千年的时间和那个孩子对话。这会是一种微妙的、闪烁的触碰，就像一个人第一次触摸他的恋人一样。身处其中，你不可能感受不到空气中的魔力。这个孩子是谁？他叫什么名字？他后来怎么样了？他长大之后是否有自己的孩子，是否活到老年，成为一位德高望重的老人？他还记得很久之前的某个雾霭沉沉的一天——也许是在春天——他沿着灯光昏暗、风声瑟瑟的隧道，来到深邃而无人问津的密室，被要求趴在冰冷的洞穴壁上吹出这些画的情景吗？或者，他在童年时期死于一些疾病或意外事故，或牺牲在逡巡捕食者的手里，就这样，他在尚未体验第一次奔跑的乐趣时就失去了未来，这是他母亲人生众多悲剧中最悲惨的一个，每一次悲剧都痛苦得让她号哭得无比尖利、脆弱，仿佛再也无法复原。

我们永远也不会知道真相到底是什么。但我们可以说，画这些画的人，他们的生活充满了激情，这在今天依然引起了我们的共鸣。洞穴艺术是人类进化发展史上的最后一次引人注目的繁花硕果，考古学家称其为旧石器时代晚期革命。这一时期开始于约 5 万年前，大批更为复杂的石制、骨制和木制工具突然出现了，包括针、锥、鱼钩、箭和矛。

大约从距今 3 万年前开始，许多真正的艺术品相继出现，这些艺术品在日常生活中并没有具体的功能，完全是一种装饰，比如胸针、雕刻的纽扣、玩偶、动物玩具，还有那些壮观的雕像——首屈一指的就是欧洲中部和南部的古代维纳斯雕像。而那些著名的“米其林轮胎”形状的女士雕像似乎已经成为那个时代的缩影。这些由象牙和石头（有时甚至是黏土烤制的）雕刻的丰乳肥臀的女士像通常都编着辫子，堪称旧石器时代晚期文物中最为壮观精美的作品。

接下来，我们开始寻找精心的墓葬、音乐和精神生活的证据。从大约 2 万年前开始，阿尔塔米拉、拉斯考克斯、肖维及南欧很多其他地区的许多石窟里的壁画，都只是这个宏大艺术圣殿里的一角。在此之前，人类进化历史上从来没有过这样的现象。在它的内部，埋藏着现代人类文化的基础，从文学到宗教，甚至是科学。

这些艺术品身上承载了数千年的历史。制作它们的人与我们并无太大差别：我们认为美的，在他们看来也一样美。这一段被短暂封存的历史，从本质上决定了我们到底是谁，最终让我们变成了如今的模样，而其中的文化内涵也让我们以某种莫名却又确定的方式区别于其他现存的物种，也全然不同于人类出现之前的所有其他物种。

神秘消失的尼安德特人

当阿尔塔米拉洞穴艺术家的祖先在 4 万年前到达欧洲时，他们发现的大陆并非空空如也。尼安德特人已经在那里居住了 20 万年。尼安德特人是一个非常成功的人种，他们的祖先大约在 50 万年前到达欧洲。在接下来的几十万年里，他们逐渐形成了尼安德特人的典型特征：健壮厚实、肌肉发达的身体，巨大的头部，头后有着典型的“尼安德特包”，以及厚重的下巴和巨大的鼻子。凭借这种体型，他们成功地开拓了欧洲平原和乌拉尔地区。在那里，他们用一种非常冒险的策略来猎杀大型猎物，包括传说中的猛犸象，他们使用的是沉重的标枪式投掷长矛或弓箭。尼安德特人显然没有想到使用我们的直系祖先更喜欢的轻式长矛或弓箭。

当最后一个尼安德特人（很可能是在西班牙北部）死亡的时候，离现在不到 1 000 代，他们作为一个物种的时间比现代人要长得多。现代人类大约在 20 万年前出现于与尼安德特人相同的非洲血统中。但与尼安德特人不同的是，我们一直生活在非洲，直到大约 7 万年前，突然有大批人从红海迁徙到南亚。现代人类并没有到达欧洲，他们第一次接触到尼安德特人大约是在 4 万年前。当现代人最终到达欧洲时，6 000 年前从印欧语系迁移来的大量欧洲人，移民到了匈奴王阿提拉的游牧部落，阿提拉则来自西亚的大草原。我们花了一万多年的时间才把所有的尼安德特人从欧洲赶出去。

尼安德特人的突然灭绝让我们非常好奇。有些人认为他们之所以灭绝，是因为他们与现代人一起繁殖——现代欧洲人正是这两个物种杂交的结果。的确，偶尔你会看到一些像尼安德特人的现代欧洲人，他们拥有厚实的胸部、粗壮的脖子以及肌肉发达的腿部和手臂。但这也意味着，太多瘦骨嶙峋的欧洲人与尼安德特人并没有多少相似之处，总体来说，这一解释不足为信。另一些人则认为，在历史上欧洲入侵新大陆和澳大利亚模式的研究中，我们的祖先只是屠杀了尼安德特人，因为他们阻挡了入侵或进行了抵抗。事实上，我们现代人的行径比这要糟糕得多，所以这种猜测也不是空穴来风。还有一些人认为，根据最近南美印第安人的经历，尼安德特人可能是被从非洲带来的新型热带疾病消灭了，因为他们缺乏相应的免疫力。这种解释唯一的不足就在于：现代人类从未直接从非洲来过，他们都是从东边来的，很可能是黑海附近的某个地方，而尼安德特人应和现代人类患有同类的疾病，其免疫系统也应该没有什么差别。

不管尼安德特人灭绝的原因到底是什么，他们对深肤色移民的看法可能与欧洲人在近代的所作所为类似。尼安德特人的肤色很浅，正如现代欧洲人最近发表的对尼安德特人 DNA 的分析和戏剧性的证实。巴塞罗那大学的遗传学家成功地从西班牙埃尔锡德伦一个 48 000 年前的尼安德特人身上提取了 DNA。他们在那里发现了一种黑素皮质素受体基因的变体，在现代欧洲人中，这种基因通过抑制皮肤中黑色素的产生而形成了较浅的肤色。当这一基因从双亲遗传下来时，会造成对太阳敏感的皮肤和红头发，而这就是欧洲西海岸岛屿人口的特征。尼安德特人是红头发吗？这太令人意外了！

同时，从这些和其他近期的遗传学研究中我们可以清楚地看到，尼安德特人基本没有经历现代人类所经历的突变，尤其是北半球人类的新型突变。尼安德特人似乎不是我们的祖先，而是一个虽然紧密相关却独立的物种。欧洲人的浅色皮肤和红头发不是我们黑皮肤的非洲祖先与尼安德特人杂交的结果，而是独立的基因适应，以适应和尼安德特人一样的高纬度地区穴居生活。

一个确定的真正解释是：遗传证据已经全面证实尼安德特人的祖先在 75 万年前就与我们的祖先分裂割离了，早于最终使尼安德特人第一次离开非洲寻求欧洲新家园的谱系。不管尼安德特人在到达欧洲 40 万年后突然灭绝的根本原因是什么，现在唯一可以排除的解释是他们曾与现代人杂交。但是，剩下的选项也没那么令人高兴了。

HOW MANY FRIENDS DOES ONE PERSON NEED?

DUNBAR'S NUMBER AND OTHER EVOLUTIONARY QUIRKS

14

达尔文的战争

知识就是力量。

- 智慧设计论认为，自然世界太过复杂，只有经过某种看不见的智慧的设计，才可能产生。这个观点是错误的，因为大多数智慧设计论的拥趸都不了解自然史。

- 知识就是力量，对知识的压制绝对是危险的，这样的危险也是人类难以承受的。

- 神创论之所以貌似可信，是因为化石证据不完整，如今，分子遗传学的巨大进步，已经解决了化石缺失的问题。

自达尔文的《物种起源》论文集出版以来的一个半世纪里，人们对于进化和达尔文主义的讨论与争辩就一直在持续，其热烈程度相比于该书出版当年丝毫不减。如今的科学与宗教之间还是水火不容，但是不得不说，宗教的原教旨主义在很大程度上已经被进化论强烈影响了。这个话题在美国被广泛讨论。在小布什总统任期的倒数第二年，福音派的基督教徒们收获了好消息：小布什将重心放在一个提案的推广中，该提案包括在美国生物课程中加入智慧设计论（Intelligent Design，简称 ID）。

智慧设计论

人们大惊小怪地到底在争辩什么呢？很多人可能觉得智慧设计是一种很玄乎的创世论。这看上去令人费解，就像我们把时钟调回到100 年前，美国法律史上发生的最荒诞的教育审判之一——1926 年，田纳西州以违反最新颁布的州法律为由，控告中学教师约翰·斯科普斯（John Scopes）在课堂上讲授进化论。

智慧设计论认为，自然世界太过复杂，只有经过某种看不见的智慧力量的设计，才可能产生。相反，进化理论看起来有些许不足，充满了逻辑层面及现实层面的漏洞。事实上，智慧设计论并不是什么新观点，它可以追溯到英国神学家威廉·佩利（William Paley），他在1802年的经典著作《自然神学》（*Natural Theology*）中就用自然界的完美作为伟大的设计者——上帝存在的证明。

用智慧设计论领军人物——宾夕法尼亚州伯利恒利哈伊大学的生物化学家迈克尔·贝希（Michael Behe）的话来说，像一个活细胞这样复杂的东西不可能是一小步一小步进化而来的，其中的成分也不可能是一次一次组合起来的：一个没有细胞器的细胞，就像一个没有加弹簧的捕鼠器。进化论者遇到的挑战是，解释看不见的突变如何形成了我们身处的如此复杂的世界。如果他们解释不了，就会被当成对默认观点（比如必须有一个设计者）的隐性支持。

对那些不明所以的人来说，这种默认的观点听起来非常合理。但事实上，这种观点的合理性取决于一个非常精妙的花招。我们以眼睛为例子来说明一下。谁能想象没有晶状体的眼睛？这样的眼睛要如何帮助自己的主人？答案就是，事实上，大自然中有很多这样的眼睛都完美地发挥着功能，这些不完美的眼睛也让它们的主人感激不已。在不同的动物中，眼睛已经被单独“发明”了很多次。我们只需观察低等的软体动物，就能看到简单的感光细胞群，没有晶状体或有晶状体的，以及跟人类几乎毫无差异的带有可调节晶状体的眼睛。

问题是，大部分智慧设计论的拥护者似乎都不太了解古典论调的自然史。结果就是，他们在日常生活的例子中，完全觉察不出自己支持的观点有多么滑稽。而且，他们对进化论真正传达的信息也不太了解。智慧设计论者最普遍的观点之一就是，达尔文的进化论假设进化过程都是盲目进化的结果——突变随机产生的影响很小，而且逐渐被整合了。因此，认同自然选择进化的一般观点，基本等同于宣称只要对着一个垃圾场刮旋风，就能刮出一台大型喷气式客机来……进化当然不是这样的随机事件啊。突变的确是随机发生的，但是自然选择和随着时间逐渐适应突变的过程绝不是随机的——自然选择，达尔文的伟大贡献，是一个有指向性的过程，以惊人的速度运行。例如，虽然与其他欧亚棕熊拥有同样的祖先，但北极熊的进化只花了一万年的时间。

这一切的有趣之处在于：为什么有科学功底且理性的人还是会偏好智慧设计论呢？很明显的是，大部分智慧设计论的信奉者都不是有机生物学家。在大多数情况下，他们的工作领域在很大程度上和进化理论是否成立并不相关。那么，他们为什么要反对达尔文的进化论呢？这可是科学史上的第二大理论——仅次于物理学的量子力学，何况量子力学还不如达尔文的进化理论简洁呢。

我们可以把这一切当作那些有钱人在休息室里的一种高级闲聊。但是，不理解自然选择的力量以及它在进化中的作用，已经给我们所有人带来严重的后果，而且这样的后果还会持续。20 世纪 50 年代的耐农药害虫、80 年代的耐药性疟疾，以及恐怖的抗 MRSA（Methicillin-resistant Staphylococcus Aureus）的超级细菌，都表明我们并不理解进化的过程。但凡有选择，我们当然不愿意面临更多无法控制的局面。

进化论的斗争

当然，在大多数情况下，罪魁祸首都是原教旨主义者，他们坚信《圣经》所描述的创世故事一定就是真相。但是，为什么有些宗教与进化论相互排斥呢？为什么我们与猿类拥有共同祖先的进化历史，会冒犯如此多的人呢？最近，身穿神职硬白领的肯尼亚的主教们变成了热门人物。这些人反对在内罗毕的国家博物馆中呈列人类祖先的化石，因为担心这些展品会玷污孩子们的思想。主教及其拥趸担心可怜的孩子们会真的认为我们是从猿猴变来的！

1860年牛津大学的“诡辩山姆”威尔伯福斯主教和“达尔文的走狗”托马斯·赫胥黎之间的著名论战发生以来，进化论经历了一段异常艰难的时期。神创论从未消失。事实上，在“新世界”中的某些地方，神创论还在野蛮生长。

知识可能是力量，对知识的压制则绝对是危险的。这种危险是我们难以承受的，当然，除非我们愿意在一夜之间回到农耕文明，并将人口规模缩减到现在的几千分之一。在我看来，这样做是非常危险的。有太多试图控制科学的先例都带来了灾难性的后果，阻碍了国家的发展。

在《光学之书》（*Kitab al-Manazir*）一书中，12世纪的学者海什木发明了一种新的数学和实验方法来研究视觉和光学。直到700年后牛顿发表他的《光学》（*Optics*）之前，这本书都是光学研究中最重要的一本书。海什木第一次提出了彩虹包含两种折射，以及水滴内部的光线反射。当现代天文学奠基人哥白尼在1515年计算出行星运动时，他用的正是13世纪波斯天文学家纳西尔·阿尔丁·图斯（Nasir al-Din Tusi）发明的“图斯双圆”。

我们实在承受不起历史的重蹈覆辙了……

遗传学的救赎

神创论貌似可信的原因之一是，化石证据并不完整。正如进化论的批评者们所诘问的：鸟类与鱼类、灵长类与人类相联系的化石证据到底在哪里？这是一个好问题。虽然古生物学家一直在解释化石记录为什么会有些模糊（因为变幻莫测的石化过程和不完美样本无法避免），但是这种辩护看起来似乎有些诡辩的味道。而在过去的 10 余年中，分子遗传学领域的巨大发展已经使我们能够通过非常惊人的方法避免这个问题。

比如，我们已经有些怀疑：现代鸟类其实是恐龙家族中一支小小的幸存后裔。20 世纪 90 年代，中国发现大量有部分羽毛的恐龙，这一发现令人兴奋，并强化了上述想法。在 2008 年，分子遗传学领域更是声称已经证实这一观点：鸟类属于恐龙家族，或者相反？

这是真实版的《侏罗纪公园》。哈佛大学的克里斯·奥根（Chris Organ）和他的同事第一次成功地从一只 6 500 万年前的霸王龙化石里提取出了 DNA。这是一项巨大的成就，因为从化石中提取 DNA 是一件非常困难的事情。化石的历史越久，所有的组织就越有可能变成内壳的石头。即便有一些可用的组织，提取 DNA 的可能也是微乎其微的，因为 DNA 会很快分解。染色体会很快断裂，留在 DNA 里的成分通常不足以进行匹配，来判断物种属性。

即便能采集到DNA，基因分析也并非易事。你必须找到恰当的染色体部分来做分析。你需要那些并非身体功能性部分合成的蛋白质，因为功能性的基因在自然选择的影响下，会产生快速而急剧的变化。你需要的是那些没有功能的染色体，由此可以看出，变化仅仅是由随机突变引起的，它的存在并不会对动物的日常生活产生任何好或不好的影响。正是这些提供了“分子钟”的基础——通过无比艰难地判定DNA链条中每一条线上有多少基础对已经发生突变，因为两个物种有着共同的祖先，因此我们可以决定这两个物种之间的关系远近，更为重要的是，我们可以知道它们最近的一个共同祖先是什么。

因此，有了北美的霸王龙样本和一只乳齿象样本，奥根和他的同事就可以将这两个庞然大物的DNA序列和其他一些目前存在的动物的DNA相比，比如鸟类（以鸡和鸵鸟为代表）、一些灵长类动物（人类、黑猩猩和恒河短尾猴）、牛、狗、老鼠、大象，还有一些爬行动物、两栖动物和鱼类。

有关基因方面的证据表明，乳齿象正如我们期待的那样，与大象相近，这让我们对自己的分析有了一些信心。真正令人眼前一亮的是，霸王龙与样本中的两种鸟类（鸡和鸵鸟）相近。事实上，它们之间的关系实在是太近了，以至于复杂的统计分析也根本区分不出来。更加令人深思的是，这一族群里还有短吻鳄，它和样本中其他的爬行动物

（蜥蜴）完全不同。短吻鳄或许还可以乔装成恐龙——老实说，我们知道鳄鱼的历史非常悠久了，它在 1.5 亿年的一大半时间里，都和恐龙共存。

解剖学家已经开始怀疑鸟类和恐龙是否拥有共同的祖先，这也提醒着人们：我们很容易被外表蒙蔽。即便两个物种看起来存在巨大差异，也不能说明它们之间不相关。20 世纪 80 年代的一个巨大的惊喜发现就是：尽管外表看起来截然不同，但是人类和黑猩猩有着最近的共同祖先（人类和大猩猩的共同祖先还远一点）。事实上，大猩猩的两个亚种（东部大猩猩和西部大猩猩）在基因上的差异，比人类和黑猩猩的差异还要大。这个观点值得深思。以前，分类学家在实体解剖的基础上认定，黑猩猩、大猩猩和红毛猩猩组成了一个猿科，而人类属于另外一类，两者大约在 1 800 万年前拥有同一个祖先。遗传学证据表明，红毛猩猩才是格格不入的——它确实在 1 800 万年前与其他类人猿共同拥有一个祖先，但那是在三个非洲猿类亲戚（人类、黑猩猩和大猩猩）进化之前的事情了。

在博物馆里，没有什么东西比藏在地下室的成千上万具人类骨骼更有争议的了。这些骨头的争议之处在于，它们中的大多数都属于长期被压制在现代社会边缘的国家的土著居民。之前，格拉斯哥博物馆向美国遣返了一件来自苏族印第安人尸体上的“鬼舞衬衫”，而这可能关系到美国历史上最不光彩的事件之一——1890 年的一场臭名昭著的伤膝谷大屠杀。

不过，已经很少有像肯纳威克人那样奇怪的案件了。1996 年，人们偶然在美国西北部华盛顿州哥伦比亚河的河床上发现了一具完整的男性骨骼，这很快引起了热议。考古学家吉姆·查特斯（Jim Chatters）受托分析了这具骨骼，宣称其大约有 9 000 年的历史，可能起源于欧洲。作为在美洲发现的最古老的完整人体骨骼，这在当时绝对是炙手可热的东西。碰巧的是，现在有相当有力的证据表明，北美最早的居民实际上是在 20 000 年前的某个时候从欧洲来的，大概是从西班牙附近的某个地方到北美的。而在 5 000 年前，他们被来自西伯利亚白令海峡的现代美洲土著的祖先消灭……但这是另一个故事了。

就像澳大利亚土著居民一样，美国土著时常强烈要求将这些骸骨归还他们并使其得以安葬，他们有两个理由：一是可以理解的文化信仰，即祖先应该受到应有的尊重，并由他们的后代妥善埋葬。说实话，在美国的博物馆里，许多美国原住民的骸骨都是从古老的部落墓地搬出来的，这种做法并没有得到允许。另一个理由则是更为模糊的土地所有权问题。现如今，如果能证明你的部落以前住在某个地方，无疑会帮你在土地所有权的争夺中获得相当大的好处，如果土地所有者允许你在那里建一个赌场的话，那可是一笔大生意了。

肯纳威克人被发现的土地碰巧是美国军队控制下的联邦土地。军队迅速没收了这些骨头，但是，当属地的部落联盟提出遣返的要求时，军方也同意移交。然而，一群人类学家却提起诉讼，试图阻止这些骸骨被遣送回去，他们想要对这些骸骨进行更详细的研究。这件事情发生在 1998 年 10 月，此案至今仍未解决。不过，这一切带来的一个意想不到的好处是：也许正是因为所有这些争议，以及需要弄清楚这些骸骨到底属于谁，肯纳威克人的骨骼才比其他任何人类的遗骸和化石都被研究得更为仔细。毕竟，如果他真的是欧洲人，肯纳威克人的遗骸肯定会对美国殖民史产生有趣的影响。

除此之外，这个案子也提出了一个棘手的问题，即谁有权拥有人类遗骸。从某种意义上说，遗骸越老，它们就越属于我们所有人。即使是距今最近的历史标本，也能告诉人们很多关于我们的集体历史、迁徙模式、人类物种的成败以及人类历经考验和磨难的故事。这不仅仅是一个简单的解剖学描述，或者只是提取一块骨头来分析它的 DNA。我们能做的事情很大程度上取决于我们想问的问题，随着人类知识的增长，这些问题会变得越来越复杂。正如每一位业余考古学家所知道的那样，即使是在 20 世纪 40 年代，因为拙劣的挖掘技术，我们也失去了很多东西。而且，过去的问题常常被证明是幼稚的、具有误导性的。这在很大程度上也取决于新技术的发现：过去十多年中，DNA 分析已经彻底改变了我们对历史诸多方面的理解。但是我们只有在拥有骨骼时充分学习，才能从分析中学到东西。

许多人抱怨说，归还骨骼的压力很大程度上来自认真而附带政治动机的西方知识分子，而不是来自本国人民。博物馆的负责人经常对自己在现代社会中的角色感到困惑，有时还受到来自政府的压力。他们急于让公众看到自己做了正确的事情，但结果有时候是非常滑稽的。举例来说，一家美国博物馆试图将 4 名逃亡到美国的因纽特人的骸骨遣送回国，这一行为让不得不接受这些遗骸的格陵兰人感到尴尬。他们问："这些人跟我们有什么关系呢？"

尽管对骸骨的争夺经常被视为西方科学与土著居民的敏感和权利之间的冲突，但它并不总是如此两极分化。当骸骨从斯毕特菲尔德的基督教堂搬到伦敦自然历史博物馆时，研究人员将骸骨和由其后代提供的详细家族历史信息（有时甚至是画像）整合在一起，这些死者的后代也非常高兴参与这一过程。如果我们能花更多的精力去说服有关社区参与科学探索，寻找他们自己的历史，而不是将这些历史从视线中移除，我们可能都会从中受益。更重要的是，这甚至可能拓宽我们对达尔文进化论的理解。

PART 6

社群与文化

HOW MANY FRIENDS DOES ONE PERSON NEED?

HOW MANY FRIENDS DOES ONE PERSON NEED?

DUNBAR'S NUMBER AND OTHER EVOLUTIONARY QUIRKS

15

加入文化部落

我思故我在，让我们有别于其他物种的伟大标志正是文化和语言。

- 当我们发现许多动物实际上都在使用工具时，我们对人类的定义立刻从工具的使用者变成了工具的制造者。

- 人类的文化深深根植于语言之中，我们用语言进行描述、教导、吟诵。

- 我们的宗教仪式、文学甚至科学相关的高级文化，取决于我们走出自我、独立看世界的能力。

“我思故我在。”17 世纪的哲学家、数学家笛卡尔这样说过。他还说过，既然动物不能说话，它们也就不能思考，因此肯定没有灵魂。从那以后，我们就一直生活在笛卡尔的阴影中。在社会科学领域，他的影响力无人可及，此领域中的传统观点一直坚持认为，人类和其他动物之间的巨大鸿沟使得后者完全不适合作为人类行为研究的模型。人类有别于动物的伟大标志正是文化和语言。

工具的制造者而非使用者

这一传统观点取决于两个关键现象的独特性。而结果是，有时候仅仅是提出动物也渴望高尚的观点，都会引发我们对人类荣誉感的近乎滑稽的捍卫行为。只要试图表明某些动物拥有语言或文化就会遭到强烈反对，反对者认为这是试图通过重新定义概念来改变目标，就像不断移动球门一样。当人们发现许多动物实际上都在使用工具时，人类的定义马上从工具使用者变成了工具制造者。

那么，人类如此捍卫的文化到底是什么东西呢？50多年前，美国人类学家阿尔弗雷德·克罗伯（Alfred Kroeber）和克莱德·克拉克洪（Clyde Kluckhohn）对一些文献进行回顾，发现了目前人类学家和社会科学家使用的对文化的大约40种不同的定义。总的来说，这些定义可以分为三个主要类别：①文化由人们的思想（包括社会规则、仪式、信仰等）组成的；②文化是由思想的产物（所谓的物质文化，如工具、陶器及装饰品、服装等）构成的；③文化是语言及其产物（日常意义上的高雅文化，从莎士比亚到鲍勃·马利）。当然，我们最后又回到了人类的独特支柱——语言上，所以我们再一次移动了球门。

除了一些固有的循环论证（如只有人类有语言，因此只有人类才能拥有文化，因为文化就是语言），大多数对文化的定义都提出了人类行为独特性的问题。动物的心灵真的是空虚的吗？动物对世界真的没有信仰吗？黑猩猩用的锤子和砧骨到底是不是物质文化的例证？

现任职于剑桥大学的比尔·麦格鲁（Bill McGrew）一直是有关人类独特性的“文化即人工制品”观点的有力批判者。在他的著作《黑猩猩的物质文化》（*Chimpanzee Material Culture*）中，他对这种观点的倡导者提出了质疑，证明了黑猩猩的工具箱为何不能满足人类对此的定义。在非洲进行了30年的实地考察后，麦格鲁发现了黑猩猩使用的一系列自然和人造工具，从锤子到探针，从捕鱼工具到海绵。他坚持认为，如果博物馆里没有这些展品的标签，我们很难判断它们是由人类还是猿类制造出来的。黑猩猩的工具箱与人类在前技术时代的工具箱相比，仅在两个方面存在差异：黑猩猩没有储存容器，也不会设置陷阱用于捕鱼或狩猎。

另外两个被吹捧的动物有文化的例子早已广为流传。一个是蓝山雀能揭开英国牛奶包装上的奶瓶盖：在20世纪40年代，这些花园小鸟学会了撬开牛奶瓶盖，这样就可以吸到牛奶瓶最上面的奶油，这种方法很快就在英格兰南部很多地区的蓝山雀中传播开来。另一个例子是一只名叫伊莫的年轻雌猴探索出将红薯上的沙子洗干净的方法，后来日本的大批猕猴都学会了这个技巧。

然而，这两个例子在过去的几年中遭到心理学家的严厉批评。他们对这些数据进行仔细重审后发现，作为一种文化习得行为，这两个例子中的行为传播的速度都非常缓慢。过了几十年，伊莫清洗红薯上的沙子的方法才被其他猴子习得，即使在那时，也只有比它年轻的猴子才形成了这个习惯。似乎在大多数情况下，这些新习惯是通过一个更简单的过程来传播的：一个观察者的注意力被传播者的行为所吸引，然后观察者通过一个不断试错的过程来学习这个问题的解决方法。对人类来说，导师会教给观察者问题的本质和解决方法，或者学生就是模仿导师，这标志着人类文化和动物文化之间存在明显的区别。

德国莱比锡进化人类学研究所的迈克·托马塞洛（Mike Tomasello）等心理学家对这种现象进行了观察，他们怀疑动物是否真正拥有人类所谓的文化。但在草率地下定论之前，我们会先考虑可能被问及的问题。托马塞洛对传播机制很感兴趣，而像麦格鲁这样的灵长类动物学家对动物的实际行为更感兴趣。无论文化以何种方式进行操作定义，黑猩猩都是拥有文化的，但是，正如托马塞洛指出的那样，我们可以合理地怀疑黑猩猩是否能像人类一样学习。这个问题的问法之一就是区分出“文化能力”（猿类可以形成随机的行为，以及没有生态关联的随意创新行为，这有点像把棒球帽檐朝后戴着）和只有人类拥有的“文化潜力”，而“文化潜力”让人类实现了逐步塑造出当今世界的突破式创新。创新使得艾萨克·牛顿可以“站在巨人的肩膀上”，它也是科学、文化活动不断进化的过程。

文化根植于语言之中

很明显，我们通常认为人类的文化深深植根于语言之中。我们用语言进行描述、教导、吟诵。正如笛卡尔所观察到的，动物不会这样。但是它们也并不愚蠢。狗会吠，猴子会喋喋不休。传统观点坚持认为，这些声音只是动物情绪的直接产物。狗会吠，是因为当达到一定的兴奋程度时，它们的声道会发出这样的声音。虽然人类也会发出类似的声音，比如尖叫和咕噜，但人类还会发出一连串有意义的声音。我们很容易忽略蜜蜂用来通知花蜜来源方向和距离的摇摆舞，因为这些舞蹈只出现在特定的情况下。蜜蜂不会用摇摆舞来询问对方的健康状况，也不会对不幸的个体表示同情。

然而，最近的研究表明，猴子和猿类可能会完全颠覆我们传统的观点。宾夕法尼亚大学的多萝西·切尼（Dorothy Cheney）和罗伯特·赛法斯（Robert Seyfarth）在肯尼亚安博塞利国家公园进行了一系列关于野生动物的实验。通过一个隐藏的扩音器发声，他们可以毫无争议地证明，长尾猴的声音能够传递大量信息。长尾猴可以通过不同的声音指代不同的捕食者，如美洲豹、猛禽和蛇。它们可以识别声音的细微差别，知道某一种咕噜声是对另一只长尾猴接下来行动的指示，还是对它看到的东西的评价，例如某一个发声者是在接近首领还是普通成员。在博茨瓦纳的研究中，切尼和赛法斯已经证明，狒狒使用咕噜声是为了安抚之前冒犯的盟友，而所有这一切都只被认为是一种单一的咕噜声。

动物的声音似乎比我们想象的要复杂得多。就像去旅游的天真游客一样，他们只听到了一堆杂乱的声音，却不知道更复杂的事情正在发生。在破译其他物种的语言方面，人类一直都技艺不精。

更令人印象深刻的，仍然是那些受过语言训练的黑猩猩。一直以来，大约有十几只黑猩猩、一只大猩猩和一只红毛猩猩已被训练能够使用各种各样的人类语言，尤其是黑猩猩，它们表现出了相当出色的能力，能对指令做出反应，并能回答出幼儿认知水平以上的问题。更值得警醒的是，在这些成就中，大多数早就由一只非洲灰鹦鹉完成了，它甚至已经能使用英语进行口语交流。

然而，对动物来说，文化道路上还有一个关键的绊脚石。人类与宗教仪式、文学甚至科学相关联的高级文化取决于我们走出自我、从独立的角度看待世界的能力。这就要求我们不仅要问“发生了什么”，还要问“为什么一定是这样呢”。看起来，动物们都很顺其自然。似乎只有人类能够从自身狭隘的关注点中脱离出来，去想象事物可能超越其本身的情况。只有达到这种程度，才有可能问出那个最重要的问题——“为什么？”大人们经常因为孩子们的这个问题而恼火不已。

在社会情境中，这种可以看到事物背后深意的能力被称为具有“心智理论”。它强化了我们理解他人信念的能力，而且我们可以依靠这些知识来利用和操控彼此。孩子在出生时并不具备心智理论，他们在大约 4 岁时才会具备这种能力。事实上，有些人（比如自闭症患者）可能终生都不具备这种能力。在孩子获得心智理论之前，不可能出现复杂的谎言和虚构的游戏。没有心智理论，虚构文学、科学和宗教都不可能存在，那些需要想象的世界也不可能存在。

同样毋庸置疑的是，根本没有动物可以达到这一心智水平。当然，猴子会欺骗，但这种欺骗不过是3岁孩子擅长的那种。猴子可以很好地理解别人的行为并加以利用，但它们不能理解其他个体可以持有与自己不同的观念。唯一的例外似乎是类人猿，它们比猴子聪明一点。

可以肯定的一点是，如果继续认为文化是使人类有别于其他物种的重要特征，似乎就成了物种沙文主义的论调。诚然，人类文化的有些方面没有在其他物种中发现，就像语言的某些方面为人类所独有一样。这些不过只是事实上原本连续体区间中的高点而已。而问题恰恰就在这里：人类似乎发现很难从连续体的角度去思考问题，而倾向于用简单的“它们 vs. 我们”的二分法。我们应该认识到，无论是语言还是文化，都不是简单的单维现象，我们至少与一些生物共同分享了某些发展进程。

真正伟大的故事讲述者

然而，有一个特征的确是人类所独有的，那就是虚构世界。动物们根本无法理解故事是什么，不仅仅是因为它们缺乏语言，还因为它们无法理解虚构小说的全部概念。如果动物确实有语言，它们也只会以表面意思来看待这个世界，对一个不存在的世界的陈述会使它们感到非常困惑。

想一想坐在书桌上撰写名剧《奥赛罗》的莎士比亚，你会发现一切是显而易见的。这部戏剧中共有三个核心角色：奥赛罗、伊阿古和不幸的苔丝狄蒙娜。为了让这出戏出彩，莎士比亚必须在观众们看戏的时候说服他们：伊阿古打算让奥赛罗相信苔丝狄蒙娜爱上了另一个人。这涉及三个不同的心理阶段。为了让故事更有说服力，莎士比亚不得不加入凯西奥这个人物，他是苔丝狄蒙娜倾慕的对象。如果苔丝狄蒙娜只是幻想凯西奥的话，奥赛罗肯定不会为这一切烦恼。这可能会让主人公们在花园里拉拉扯扯，但为什么奥赛罗对伊阿古提供给他的情报感到如此不安呢？除非他相信了凯西奥会回应苔丝狄蒙娜的要求，正是这一点使得奥赛罗的焦虑情绪高涨，并促使他去做了他最终做的事。所以，为了让这个故事受欢迎，莎士比亚必须展示或暗示四阶心理状态：伊阿古打算让奥赛罗相信苔丝狄蒙娜爱凯西奥，而且凯西奥也爱她。

但这不是故事的结局，因为莎士比亚必须说服观众相信这些东西。如果观众不买单，这出戏就彻底失败了。因此，莎士比亚必须把观众的心理考虑进去。最后，他必须自己想象所有这些。所以在伊丽莎白时代伦敦一个潮湿的早上，当莎士比亚拿着羽毛笔坐在一大张稿纸面前，他已经至少在运算六阶心理意向了：他希望观众相信伊阿古希望奥赛罗认为苔丝狄蒙娜爱凯西奥，而凯西奥也爱她。

这绝非易事，因为他此时运行的心理层次已经比成年人平均水平高一阶了。同时，他也将观众们推向了极限水平——观众必须运行五阶的心理意向才可能理解这一故事。也许正是因为莎士比亚能够在这个层次上获得成功，挑战观众的极限，他才成了一位如此成功的剧作家。

但是，我们现在真正关心的问题是，只有人类才能做到这一点。由于黑猩猩的认知极限是二阶心理意向，所以即使它们坐在打字机前也写不出《奥赛罗》。如果它们经过数百万年的打字练习后真的做到了，那将是一个纯粹的统计学事件，而不会是一个有趣的故事。对一个打字的猿来说，它不会对戏剧剧情有所希望，而且它也绝对不会考虑观众理解剧情发展的能力。它也许可以理解伊阿古打算对奥赛罗说些什么，但在此之外，它绝对无法理解伊阿古希望奥赛罗理解他的话，而这需要猿类无法企及的三阶心理意向。

这让我们知道，在进行异想天开的文学创作时，即使只是围着篝火讲故事，人类的认知能力都远远超出了目前存活的其他任何动物。类人猿也许能够想象他人的心理状态，它们有可能构造出一个非常简单的故事，但也仅限于涉及单个角色的故事。只有成年的人类才会有意识地创作与人类文化相关的文学。当然，类人猿创作出三阶或四阶心理意向的故事（可能相当于8岁至11岁儿童的认知能力）是有可能的，但这个故事必然缺乏一般成年人创作的复杂性，更不用说比肩莎士比亚或莫里哀的戏剧了。

更重要的是，一个真正能够激活和点燃观众的伟大的故事讲述者，必须能够把观众带到“他们”的五阶心理意向能力的极限。但这意味着，讲故事的人必须至少能够提高一个层次，达到六阶心理意向。而这超出了我们中3/4的人的能力。莎士比亚真的是个天才！

HOW MANY FRIENDS DOES ONE PERSON NEED?

DUNBAR'S NUMBER AND OTHER EVOLUTIONARY QUIRKS

16

科学视角下的文化遗产

当科学与艺术交融，必然不俗。

- 我们的文化遗产正在被严酷的科学机器吞噬和湮没。
- 人类和其他动物的核心差别在于，我们可以从经验世界中退缩，并思考未来将会如何。
- 死记硬背的学习方法在我们的智力发展中起着至关重要的作用。

科学的博学者

几年前，在英国广播公司的一项盖洛普民意测验中，80% 的英国人认为科学很重要。这很令人鼓舞，不是吗？但这个结果其实暗示了这样一个事实：有 20% 的人对科学抱有明显的偏见。这与许多其他的民意调查结果一致。通常来说，会有 5%~25% 的受访者对科学持有消极态度。

那么，这些多疑的人都是谁呢？他们真的至关重要吗？是的，我认为他们很重要。因为他们在社会中的地位往往会对未来的历史产生一定的影响，这种重要性远远超过他们在投票中所占的比例。

总的来说，那些轻蔑科学的人都是受过良好教育的专业人士。他们通常持有人文学科的学位：有些是教师，有些是学者，还有一些是艺术和文学团体的成员。更令人担忧的是，其中还有一些人是政客。

他们都对科学有一种厌恶感，这通常都源于他们认为科学家对文化和生活中的美好事物不敏感。相比于科学，艺术通常得不到充分资助，被认为是这一现象的表征——我们的文化遗产正在被严酷的科学机器侵蚀和湮没。

这很像维多利亚时代科学家的讽刺漫画：疯狂的弗兰肯斯坦博士固执地渴望统治世界，甚至不惜牺牲自己的生命。我想搞清楚的是，文艺复兴时期人们的兴趣范围为什么可以从音乐、诗歌跨越到天文和物理，而他们的成就和声望不仅源于做精巧的实验，还能创作完美的十四行诗？

有一件事似乎非常清楚：文艺复兴时期的人们不止在人文学科方面获得了伟大成就。令人惊讶的是，许多科学家都有隐藏的或者在某些情况下无法隐藏的天赋。以爱因斯坦为例，他无疑是一位典型的科学家。像许多数学家一样，他也是一位有成就的音乐家：他拉小提琴。当然，爱因斯坦并不能与著名小提琴演奏家耶胡迪·梅纽因（Yehudi Menuhin）相提并论，但他也不止一次与著名管弦乐队一起演奏。如果你依然对爱因斯坦嗤之以鼻，那我们再来聊聊亚历山大·鲍罗丁（Alexander Borodin）。鲍罗丁是 19 世纪的俄罗斯人，是他那个年代最杰出的作曲家之一，而他的毕生职业是教授化学。

说到化学家，我想起了另一位伟大的俄罗斯天才——亚历山大·索尔仁尼琴。从罗斯托夫大学获得数学学位后，索尔仁尼琴开始教授物理和化学，然后才开始写那些使他成名的小说。东欧虽然有很多名家值得称道，英国也有自己的斯诺（C. P. Snow）——尽管他在剑桥大学研究物理学和之后作为英国政府科学顾问并未获得盛名，但是在 20 世纪四五十年代，斯诺作为小说家却家喻户晓、令人羡慕。

想要找到在文学和艺术领域颇有建树的杰出科学家，我们并不需要回溯到非常久远的时代。许多人都知道，天文学家帕特里克·摩尔（Patrick Moore）就是一位有造诣的木琴表演者，而他也会用这种乐器进行创作。

在文学方面，动物学家约翰·特里赫恩（John Treherne）在成功发表两本历史传记后（其中一本讲的是美国黑帮标志性的雌雄大盗），又写出了多部备受欢迎的小说。他的最后一部小说《危险地带》（*Dangerous Precincts*）是对 20 世纪 20 年代教会私通和丑闻的历史研究。理查德·费曼机智、健谈，他是诗人，同时也是诺贝尔物理学奖得主。当然，从艾萨克·阿西莫夫（Isaac Asimov）到亚瑟·克拉克（Arthur C. Clark）等著名科幻长篇小说作家就更不用说了。此外还有著名的生物学家和电视名人罗伯特·温斯顿，职业生涯早期，温斯顿在科学领域工作了几年，后来他成了一名戏剧导演。1969 年，在爱丁堡艺术节上，温斯顿获得了国家级导演奖。

即使在有限的熟人圈子里，我也能很快想到几个参与乐团日常演奏的科学家——两个参加了室内乐团，一个在合奏团，另一个在合唱团；还有一个是单簧管演奏者，经常应邀在当地的爵士乐队演出；还有三个人作为艺术家或插画家（其中一个已经将此作为专业）赚了些零花钱。而这些人都是职业科学家，艺术只是他们的业余活动。

不过，也许我们应该把最高荣誉授予物理学家。1987 年，著名的克利夫兰交响乐团在其首席指挥克里斯托弗·冯·多赫纳伊（Christoph von Dohnanyi）的指挥下，在全球首次演奏了美国极简抽象派作曲家菲利普·格拉斯（Philip Glass）的最新作品。这部作品名为《光》（*The Light*），创作它是为了纪念 100 年前两名本地男孩阿尔伯特·迈克尔逊和爱德华·莫雷的成就。当然，现在每个物理系的学生都知道迈克尔逊 - 莫雷实验，他们的实验否认了当时被广泛接受的一种观点：太空中到处都是以太，使得天体和诸如光线传播等现象得以实现，也因此为 20 年后爱因斯坦提出相对论铺平了道路。当科学本身与艺术交相辉映时，必然不会被贬低为庸俗了。

在我看来，文艺复兴时期的人是非常活跃的。但如果你想一睹他们的风采，你可能不应该去人文学科中寻找，而应该试着去实验室里寻找他们的身影。

诗人也是科学家

我们不会经常把诗人和科学联系起来，但在我看来，能够区分一个伟大的诗人和一个一般的诗人的特质，同样也可以区分一个伟大的科学家和一个平庸的科学家，这种特质就是支撑着一切人类文化形式的敏锐观察力和自省能力。以罗伯特·彭斯为例，他是所有苏格兰诗人中最伟大的一位——我们在 2009 年庆祝了他的 150 周年诞辰。可以肯定的是，彭斯的阅读能力令人称奇，尤其对一个“出身卑微的农夫”来说。无论如何，在 18 世纪中期，在他儿时教师约翰·默多克的科学指导下，彭斯不太可能从教育中获得很多。如果彭斯接管了自己孩子的教育，而他的老师默多克去做了更赚钱的行当，彭斯的儿子只能学到可以从埃尔图书协会借来的几本威廉·德勒姆（William Derham）的《物理神学》（*Physico-Theology*）和《天文神学》（*Astro-Theology*）了。

事实上，对那个时代受过教育的苏格兰教徒来说，彭斯并未被书本学习的缺失和常识的匮乏所影响。正如他在诗中所说：

你们学院里的一套奇文，
偷人养汉也带上拉丁的雅名，
如果大自然规定叫你们愚蠢，
你们的文法又顶啥用？

还不如拿犁把地耕，
或将石块往家运。

换句话说，这是诗人劝大家不如找一份合适的工作，从事农业或者工业。关于启蒙运动中的两位巨人，经济学家亚当·斯密和哲学家托马斯·里德的品德，他写道：

哲学家们一直苦苦挣扎，
把无数希腊语、拉丁词糟蹋，
直到他们的怪词儿用得穷尽，
直到科学也深陷困境，
他们才不得不求助于常识——
而常识，女人和织工们早已司空见惯！

所有这些智力劳动创造，实际上已经是人尽皆知了。

彭斯可能从来没有深入地探测过行星、光的本质或金属变形，但他的诗歌带给我们一些灵光一闪的心理观察。请暂时忘了他的《致虱子》（*To a Louse*），在我看来，你只需看看他精彩的叙事诗《汤姆奥桑特》（*Tam O'Shanter*），就能发现，这是有史以来最敏锐、最具洞察力的诗。在这首诗的开头，汤姆和他的朋友们坐在酒店里豪饮，挥霍着微薄的收入。与此同时，他的家里：

……守着老婆的铁青脸，
阴沉地像暴风雨就要来到，
她暂按心头火，只待发作大开炮！

我们可以看到，尽管这完全是站在彭斯的角度上加以渲染，最终却变成了铁板钉钉的事实：

永不要让你的女人抱怨，
薄情郎将四处漂泊流浪！
放眼看着偌大的自然，
自然法则变化无常。

这也是当代进化生物学的基石之一，由于哺乳动物生殖生物学的组织方式，雄性哺乳动物天生就倾向于一夫多妻制。只有当男性可以直接对养育后代进行投资的情况下，他们才会选择单配制。因此，除犬类之外，单配制在其他哺乳动物中是很少见的——95% 的哺乳动物都是一夫多妻制的。

或许在彭斯看来更糟的是，人类可能也是单配制中的例外，这主要是因为对人类来说，儿童养育的阶段远远超出了断奶期，而男性需要参与到社会化的过程中，并继承家族不断累积的财富。当然，人类的单配制也不是一种永恒的、坚定不移的承诺，就像天鹅和许多鸟类那样。与哺乳动物相比，90% 的鸟类都是单配制的繁殖系统，正如彭斯自己所写的那样：

黄莺安顿了好一窝儿郎，
她有忠实的丈夫帮忙。

公平地说，现代分子遗传学的奇迹已经揭示了，即使在所谓的单配制鸟类中，与配偶之外的异性交配也非常普遍。事实证明，一只雌鸟可以将不同雄性的精子储存起来，并在准备产卵的时候选择精子进行受精。

彭斯的诗句中还有一些引人注目，尤其是在过去的 10 年中已经被证明为真的观点。其中之一就是，我们在任何时候都只能维持数量有限的朋友关系，彭斯在他的《致拉布雷克书》(*Epistle to J. Lapraik*) 中提到了这一点：

如果足下已有足够多的朋友，
虽然真正的朋友颇为难求，
只要你认为名额已满，
小弟决不相强。

人类和其他动物之间的核心区别是，人类可以在体验世界万物时超然物外，并思考未来会如何。而动物们永远无法做到这一点，也永远不会质疑世界为何是现在这样，是否有其他的可能形式——正是这两个问题使科学和文学得以形成。《写给小鼠》（*To a Mouse*）的最后一节是这样说的：

比起我，你还真是幸运。
你的烦恼只在如今。
我呢，唉，向后看，
一片黑暗，
向前看，说不出究竟，
猜一下，也叫人心寒！

老鼠只能接受这个世界的现状，但人类可以反思过去、预测未来，并因此在焦虑和恐惧中度过一生。这就是我对此想说的。

在一些通常相当时髦的学校里，抵制拉丁语和希腊语的存续一直是一种时尚。在一本关于科学的书中提出这一观点似乎有些奇怪，但作为少数几个具备高水平拉丁语能力的科学家之一，我觉得我应该站出来为它辩护。

我不想细细讲述拉丁语固有的乐趣所在，也不想老调重弹，说拉丁文学给我们带来了西方世界最强大和持久的文化——尽管拉丁语确实影响了英语和西欧文化中的很大一部分。英语词汇中有很大一部分使用了拉丁语词根，因此，对这种所谓的“死”语言的了解可以帮助我们理解日常用语的含义。

相反，我打算跑题聊一聊著名历史学家、叙事家、曾担任剑桥大学莫德林学院研究员的泰勒。在我读乡村文法学校的某一年，他曾参加了学校的颁奖仪式。他让我们忽略课程，转而学习一些真正有用的东西，这让学校的工作人员都要气炸了，也引得学生在下面窃窃私语和哄笑。他以一种无法效仿的慈祥，告诉我们他学过的最有用的东西是土耳其苏丹（部分伊斯兰国家统治者的称号）的完整名单。

直到现在，我也没有学完过土耳其苏丹的整个列表，但在我八九岁的时候，也曾被大人们逼着背诵从 1066 年起英格兰国王和王后的名字。对不知道的你们来说，这也许看上去很简单。

威利、威利，哈里和斯蒂；
哈利与迪克，约翰又哈利（三世）；
三个内德去，理查二世替；
亨利四五六，接着谁登基？
爱德华四五，坏国王迪克；
俩哈里成双，少年王内德；
玛丽加贝希，詹姆斯自负；
查理、查理，又来詹姆斯；

威廉玛丽佳伉俪，安妮把荣耀夸；

四个乔治和威廉，迎来了维多利亚。

有了这个顺口溜，我不仅从未在英国政治史讨论中失手过，而且它对我知识增长的主要贡献在于：我绝对相信自己的记忆训练。

归根结底，所有人都要靠记忆力来做很多事。只有天生的智商永远不足以让科学进步。任何学科都取决于人文学科中被称为“学识”的部分——这是“记住事物的能力”的一种礼貌说法。就像所有形式的知识进步一样，科学的进步也源于能够以新的方式将不同的事件或事物联系起来的能力。如果没有能力去记住这个世界运行的细节，那些著名的天才也不可能仅凭直觉，就产生一个与任何记忆都无关的新想法。甚至数学家也要依赖记忆，来认识到数学问题的几种解决方法中哪一个是最优解。

神经解剖学的最新发展似乎也与此相关。目前关于大脑发育的观点是：神经元之间最初存在随机的大量联结，但这些联结会被儿童期最早几年的自然选择过程所削弱。不常用的联结会消失或被抛弃，而那些经常使用的联结则会得到加强，使用效率也会提高。

我认为死记硬背在培养个人记忆能力方面起着重要的作用，这种能力存在于早期阶段的神经强化过程。毕竟，我们教给孩子们童谣的原因无非是童谣的节奏特别容易学习，而故事情节又使它们足够有趣，孩子们会愿意花点儿心思记住它们。

这让我想到了拉丁语，没有一种语言像拉丁语一样需要传统意义上的死记硬背，来应对语言中大量的规则和不规则动词，以及它复杂的语法、词缀和变化。但是，拉丁语不同于童谣和其他语言的原因在于它的精确性和系统结构。学习拉丁语不仅提供了记忆训练，也提供了我们作为科学家所做的每一件事的思维模式。因此，相比于以流畅、缺乏结构和词汇丰富作为其文学语言优势的英语，拉丁语与它截然相反。

我的呼吁并不是为那些维多利亚式的陈腐的死记硬背呐喊，而是因为死记硬背的学习方法在我们的智力发展中起着至关重要的作用。我们热衷于用新方法让学校的课程变得更有趣、更有用（这两个目标确实都值得称赞），但我们也不应该忽视课程中那些看起来过时的功能。要知道，表象往往都具有欺骗性。

HOW MANY FRIENDS DOES ONE PERSON NEED?

DUNBAR'S NUMBER AND OTHER EVOLUTIONARY QUIRKS

17

特别的道德动物

我们都是相同的“类”。

- 我们的直觉驱使我们决定自己和其他人应该如何行动。我们的道德是思想情感的产物，我们会评估替代行为的利弊。

- 如果我们想坚持践行某种道德的行为，我们必须用更强大的力量证明它是正确的。

- 我们认为应该给予所有人平等权利的主要原因是，人类拥有相同的认知能力，从共情到语言，皆是如此。

1906 年，纽约布朗克斯动物园在大猩猩旁边的笼子里展出了一个非洲侏儒，这一奇观吸引了大批游客。可悲的是，这个侏儒奥塔·本加（Ota Benga）被释放后没几年就在弗吉尼亚州自杀了，因为他既无法应对目前在美国的生活，也无法面对自己身无分文、无法回到家乡刚果的事实。对赤贫的他来说，两地隔着一个几乎不可能完成的海上长途旅行。如今，我们或许会将整个事件视为一种不可接受的侵犯公民权利的行为，是鲁莽残忍的种族主义的另一个例子。

将平等权利拓展到种族之外的现代意识反映了这样一种信念：我们都是“同类”。我们相信事实就是如此，因为所有人，无论什么种族，似乎都有着某些共同的特征，尤其是道德的能力。但我们如何将这些权利赋予他人呢？是什么让我们认为自己应该这样做？这样做的界限在哪里？几个世纪以来，这些棘手的问题困扰着哲学家们，但现在，由于神经科学的发现，我们似乎可以回答这个问题了。

人类大脑中的道德

18 世纪“苏格兰启蒙运动”的伟大典范大卫·休谟认为，道德主要是情感问题：我们的直觉驱使着我们决定自己和其他人应该如何行动。同情和同理心有着非常重要的作用。而与他同样伟大的德国哲学家康德却举出了一种完全不合理的生活方式作为反例：康德坚持认为，我们的道德情感同样是理性思考的产物，因为我们会评估替代行为的利弊。

康德的理性主义观点在 19 世纪渐渐成为主流，这主要归功于约翰·斯图亚特·密尔和杰里米·边沁的功利主义理论，他们认为：正确的做法就是代表大多数人的利益——这种观点是现代立法的基础。历代的哲学家都一直在争论这两种观点的优劣。

然而，最近的神经心理学研究进展似乎更倾向于苏格兰的传统智慧。弗吉尼亚大学的乔纳森·海特（Jonathan Haidt）和他的同事进行了一系列简单的实验，其中一项就是观察人类如何做出道德判断。他们要求被试对道德上模棱两可的行为做出判断，但有些人完成任务的时候所处的环境非常糟糕，例如附近有一个难闻的厕所或一张凌乱的办公桌，另一些人则在一个更加有益健康的环境中完成任务。前一组的受访者比后一组要苛刻得多，这表明他们的道德判断受到情绪状态的影响。

道德研究中使用的经典悖论之一被称为“电车难题”。它是这样叙述的：想象你自己是一辆驶近岔路口的电车的司机。你面前的轨道上有 5 个人正在工作，他们没有意识到车在逼近。你面前有一个开关，你可以按下开关改变线路，而另一条轨道上有一个人正在工作。你会拉下这个开关吗？大多数人会说“是的”！理由是 1 条命总比 5 条命好，这是康德式的理性回答，因为基于实用主义的观点，我们的行为倾向于使自己的利益最大化。

现在假设你不开电车，但站在铁路上方的一座桥上。在你旁边是一个大个子，他的重量可以阻挡电车使之不再前行，如果你把他从桥上推到铁轨上就可以救下 5 名工人。但大多数人都不愿意采取行动来拯救这 5 名工人，尽管实用主义的价值是完全相同的，都是用 1 条命换 5 条命。在大多数情况下，这些被试也无法说出他们为什么改变了主意，但这和上一种情况的区别似乎在于意外和故意之间的细微差别。

研究人员对中风病人的一项研究证实了意向性的重要性，这项研究表明：大脑额叶受损的人通常会选择理性的实用主义选项，即把那个大个子从桥上推下去。额叶是大脑的一个区域，我们借此可以评估故意的行为。意向性的重要性被来自哈佛大学的马克·豪泽（Marc Hauser）和来自麻省理工学院的丽贝卡·萨克斯（Rebecca Saxe）证实了，他们发现，当被试在处理像电车难题这样的道德困境时，大脑中的区域，尤其是参与评估意图的区域格外活跃。我们对意图的理解，关键在于我们对他人的同理心。

加州理工学院的许明（Ming Hsu）和同事为我们提供了整个拼图的最后一块。在一项认知神经成像研究中，他们提出了一个关于公平和效率的道德困境，具体情境是在乌干达为饥饿的儿童提供食物。他们发现，当决策是基于效率做出的时候，与奖赏有关的大脑区域就有更多的神经活动；当决策更多地受到不公平感的影响时，与触犯规则的情感反应有关的区域（如脑岛）则更加活跃。更重要的是，每一个区域的神经反应越强，就越有可能产生相应的行为反应。换句话说，关于道德的判断和实用效率的判断是在大脑的不同区域进行的，而且不一定会同时被激活。

这样看来，休谟是正确的。

其他物种拥有道德的可能性

然而，如果道德仅仅是同理心的反映，那么我们似乎不太可能真的需要比二阶意向更高的认知能力，只要“我理解你对某些事情的感受”（或者“我知道你相信某事是真的”）就够了。但是基于这一点的道德准则是不稳固的，它很容易因为你和我对可接受行为的看法出现不同而遭到破坏。我可能认为偷东西并没有什么大问题，当你发现我偷走了你最宝贵的财产而悲痛欲绝时，我却觉得这没什么。这并不是因为我意识不到你悲痛欲绝（或者理解这些对我来说意味着什么），只是我碰巧认为偷窃是完全可以接受的，而你却对任何事情都大惊小怪而已。如果你想偷我的东西，我也会觉得可以啊……你请便。我一定要捍卫自己的财产，但我对世界的看法是：占有就是王道，胜利终将属于强者。

如果我们想让道德继续存在下去的话，就必须有更高一级的力量来证明它。民法部门作为一种强制执行集体意志的机构做得很好。但同样地，还应该有更高的道德原则，也就是对神圣不可侵犯的哲学原理或对最高宗教权威的信仰。后者尤其有趣，因为如果我们想要揭开它的认知结构，就会发现它似乎对我们的意向性能力有很高的要求。对一个宗教体系而言，无论它的力量有多么大，我都认为你一定会觉得有一个更高的存在，他“理解”你和我“希望”某件事会发生，正如神性对我们的干预。看起来，我们至少需要四阶意向性才能让这种系统运行起来。这可能意味着，一个拥有五阶意向性的人需要考虑所有的衍生物，将这件事情摆在首位。换句话说，宗教以及我们所理解的道德体系依赖于社会认知能力，而这种能力正是人类天然能够达到的极限。

如果我们回到猴子、猿和人类在社会认知程度上的不同，以及在神经解剖学上的差异，这件事情的意义就变得更明显了。虽然人类可以达到五阶意向性，而猿类只能够管理二阶，但每个人都知道猴子在第一阶段就被牢牢固定住，它们永远无法想象这个世界和它们真实体验的世界会有什么不同。例如，它们永远无法想象可能会有一个平行世界，由我们无法看见的神灵把控，但它们知道我们的感受，并能干涉我们的世界。

在这一点上，有一个重要的神经解剖学发现。如果你将纹状皮层（大脑的初级视觉区域）的体积与灵长类动物（包括人类）大脑的其他皮层进行对比，你会发现，这两个组件之间的关系并不是线性的：从类人猿开始，纹状皮层的体积就慢慢变小了。依照类人猿和人类的大脑大小来看，纹状皮层比你想象的要小。这可能是因为，在某个点之后，更多的视觉皮层并不一定会显著增强第一个视觉处理层（主要处理形状识别）的功能。相反，当大脑体积（或者至少是大脑皮层体积）继续增大时，在纹状皮层之前的区域（例如在视觉处理的早期阶段能对模式赋予意义的区域）会有更多的神经元出现。当然，其中的一个重要部分是与额叶相关的高级执行功能。实际上，大脑是从后往前进化的，即在灵长类动物的进化过程中，大脑体积中额叶和颞叶的增长是不成比例的，一旦灵长类动物的大脑尺寸超出了类人猿的大小，这些与高级社会认知功能有关的区域就会疯狂扩大。的确，类人猿大脑的大小似乎在这方面已经达到了神经解剖学的阈值，在这一关键点上，非纹状皮层（尤其是额叶皮层）开始大幅增长。

对我来说这毫不意外，这是我们第一次在非人类动物的大脑中观察到高级社会认知（心智理论）。此外，如果我们绘制猴子、猿和人类对额叶体积的意向性，我们将得到一条直线。在我看来，这也并非偶然。

我们似乎已经到达了某个点，可以开始理解为什么只有人类能够做出道德判断。这些问题的关键是，我们在现代人类身上看到的大脑新皮质的急剧增加，说明我们需要进化出比其他灵长类动物更大的群体（要么是为了应对更高级的捕猎，要么是为了实现游牧的生活方式）。然而，一旦超过某种程度，一个巨大的新大脑皮层带来的计算能力就超过了一个临界阈值，这样人们就无法反思自己的想法了。正如我们在前文中看到的，类人猿可能就处于临界阈值上。随着计算能力的增强，这个过程可能会变成真正的自省性，允许单个个体逐次处理二元水平的关系层级，或是在个体之间对若干层次的关系进行递推式思考。从这个意义上说，只有在那时，宗教及其相关的道德体系才会形成。关于额叶体积的增大，人类的化石证据表明，这一点很可能发生在人类历史很晚的时候。几乎可以肯定，这与大约 50 万年前原始人类的出现有关。

至今仍然存活的、与人类关系最近的物种是类人猿。直到20年前，人们普遍认为猿类可以分为两组：一组是现代人类和他们的祖先，另一组是4种类人猿（两种黑猩猩、大猩猩和红毛猩猩）和他们的祖先。然而，现代遗传学证据表明，这种以身体形态为基础的分类实际上是不正确的。这一谱系确实可以分为两组，但这两组分别是由非洲类人猿（人类、两种黑猩猩和大猩猩）和亚洲类人猿（红毛猩猩）组成的。外表并不总是能对更深层的进化关系进行正确指引。那么，类人猿——或者仅仅是非洲猿——应该被纳入“道德生物”的圈子（那些能够持有道德观点或本身具有道德的群体）吗？

我们认为应给予所有人平等权利的主要原因之一，就是我们都有相同的认知能力，从共情到语言。现在要考察的，就是有没有其他物种和我们有相同的特征。

类人猿有语言吗？20世纪50年代，第一批试图教授猿类语言的尝试均以失败收场，但那是因为心理学家们试图把英语教给那些缺少发声器官的物种，想让它们发出人类语言的声音。当他们把口头语言放在一边，教猿类手语时就明显要成功一些。到目前为止，已经有几只黑猩猩、大猩猩和红毛猩猩学过美国手语，而将近12只倭黑猩猩（bonobo）和黑猩猩学过电脑键盘上任意形状的文字。

到目前为止，学习语言最成功的就是著名的坎兹（Kanzi），它是一只倭黑猩猩。坎兹理解英语口语并用键盘进行回答的能力现在已经成为一个传奇。可以肯定的是，坎兹和其他猿类都没有像你和我说的这种语言。但实际上，它们的语言能力最多与人类三四岁的孩子的水平差不多。

但其中非常重要的一点在于，语言只是为了达到目的的一个聪明手段而已。它本身只是一种把知识从一个人传到另一个人的机制。真正重要的东西是以语言为基础的思维能力。因此，我们不得不面对那个棘手的问题：如何在没有语言帮助的情况下探索思维？

那么，是什么让我们成为人类的？我们被驱使所至的答案与理解另一个人的思维的能力有关。正如我们之前看到的那样，发展心理学家最近的研究表明，人类的后代在出生时缺乏所谓的心智理论，但在大约 4 岁时会突然形成。在此之前，孩子们并没有意识到其他个体可以对这个世界抱有不同于自己的信念。如果他们自己看到有人吃了罐头里的糖果，他们就会假设每个人都知道。但最终他们会意识到，其他人可以持有自己本来认为错误的信念。

心智理论的重要性在于，它为其他人类能力的建立奠定了基础。它让我们能够创作文学，创造宗教，研究科学，它也让我们展开宣传，从事政治活动并制作广告，因为所有这些都依赖于理解他人思想的能力，以及为了改变另一个人的行为而操纵其思想内容的能力。

我们现在知道了这种独特的能力，语言本身依赖的基石并不是所有人都能分享的。自闭症患者就缺乏心智理论：事实上，这就是自闭症的本质特征。尽管如此，自闭症患者在其他方面仍可以是正常的，有时甚至超过普通人。还记得在《雨人》中达斯汀·霍夫曼（Dustin Hoffman）扮演的角色对数字的超常记忆力吗？自闭症患者普遍不能做到的是处理社会关系，因为他们不能很好地站在对方的角度去体会他人的想法，从而理解人类社会互动的微妙过程。

在这个关键点上，实质性的问题是人类的这种能力是否是独一无二的？尽管有时候你的猫或狗也会表现出聪明的行为，甚至理解你的话，但没有证据表明任何其他物种能够把自己想象成另一个人。唯一的例外就是类人猿，但即使是它们，也只能达到 4 岁小孩的水平。

我们似乎与类人猿一样有着心智理论等特殊认知能力，可以支撑我们的道德能力，让我们成为人类，然而并非所有人都拥有这种能力（婴儿、自闭症患者和严重智力缺陷者似乎都缺乏这些能力）。但另一方面，从遗传学上看，我们与这些特殊人群的共同之处要多于与类人猿的共同之处。那么，我们该如何决定谁是道德的，而谁不是呢？

没有人会怀疑自闭症患者是人，正如没有人会怀疑一个 1 岁的孩子是人一样。而且，没有人会质疑这两类人获得完整的人权资格，他们都有权得到充分的人权保障。如果我们要接受这些人有资格在我们的社会中拥有平等的权利，那么我们必须问自己：我们应该如何看待这些与自己拥有同样认知特征的物种？尽管他们可能不像其他人类一样与我们这样密切相关。

说我们有义务去关注其他物种的利益是一回事，而由此推断这些物种都具备道德判断的人类能力则是另一回事——尽管在中世纪确实发生过这样的事情。曾经有一头试图谋杀主人的猪被审判，并被处以绞刑。我们现在可能会觉得这很奇怪，但这只是一个例子，表明了我们多么容易将人类能力推及其他物种。简短来说，没有任何实质性的证据表明，除了人类以外的任何物种具有道德感。在这方面，也许我们是独一无二的。这可能是因为道德感其实需要二阶以上的意向性，但除了人类以外，没有任何物种可以达到这一水平。而我们熟知的成熟宗教同样离不开这些高阶意向性，道德规范始终与宗教信仰联系在一起，这一切可能都不是偶然的。

HOW MANY FRIENDS DOES ONE PERSON NEED?

DUNBAR'S NUMBER AND OTHER EVOLUTIONARY QUIRKS

18

信仰的迷思

当上帝被放置于进化的显微镜下，会发生什么？

- 人们会服从于集体意志，尤其是宗教信仰。
- 人类希望，超现实世界和日常人性完美结合。
- 进化是一个奇迹，达尔文对进化过程的天才解读支撑了进化论的主要思想。

历史告诉我们，并非所有维多利亚时代的人都对达尔文的进化论印象深刻。他的思想似乎触及了《圣经》中创世论的核心，而更糟的是，进化论挑战了我们认为人类比其他神创物更崇高的观念。达尔文明智地选择在自己的观点中回避了宗教这一主题。而且，在他的带领下，进化生物学家基本上一直在故意忽视上帝的存在，而更倾向于把这个具有争议性的话题留给社会学家和人类学家。

但是，在过去的几年里，上帝终于被放置在进化显微镜下展开研究。目前尚不清楚是什么引发了这个话题，但其中很重要的一点可能已经被越来越多的人接受了：宗教是一个真正的进化谜团。人们有时候会和某些不明所以的意愿密切相关，不仅会有亲社会行为（对那些再也不会见面的人表现出利他行为），而且更令人费解的是，人们会服从社会意志，尤其是宗教信仰。

进化的谜团

宗教信仰是一个真正的谜题。在日常生活中，我们中的大多数人至少会做出一些努力来检验自己所信奉的真相。然而，说到宗教，我们似乎最相信那些与已知物理定律相悖的故事。人类学家斯科特·阿特兰（Scott Atran）和帕斯卡尔·博耶（Pascal Boyer）的实验研究已经证明了，人类似乎特别愿意相信存在可以凌波微步、起死回生、穿墙而过、能够预知甚至影响未来的超自然生物。人类喜欢自己的奇迹，也喜欢那些制造奇迹的人，我们所希冀的是超现实世界和日常人性的完美结合。

人类为什么这么愿意信奉永远不可验证的信念呢？你可能会想，和哲学常识的伟大典范卡尔·波普尔一样，这个问题其实正好位于科学研究的领域之外。但是进化生物学家已经开始挑战这种假设。鉴于宗教行为在人类中是普遍存在的，而且通常颇费人力物力，因此，要回避这个问题，或者仅把它作为进化图景中无关紧要的边角碎料，已经变得越来越难。从表面上看，宗教行为似乎与生物学家所看重的一切都格格不入。还原论者认为，我们都只是自私的基因的载体，然而宗教却将慈善推崇为对陌生人的爱，服从于社会意志，甚至殉道。

即便如此，进化生物学家也不认同宗教具有功能性优势。如果一个生物特征进化了，我们就会想知道它的用途是什么，也就是通过这个过程，我们就能知道拥有这种特征会如何让个体更好地适应生存，并将基因传给下一代。对宗教来说，这个问题就没有那么清楚了，尤其是对于那些方济会的慈善机构或殉道者。宗教这种明显的不适应性，促使一些进化心理学家和认知人类学家得出了结论：宗教只不过是我们某些有效认知的副产品而已，而那些有效认知才会直接与适应最大化的行为相关。

认为宗教寄生于能进化出一般功能的认知机制的观点可能是真的，但这些行为并不一定是没有生物功能或者是不适应的。首先，认为宗教行为耗时耗力、成本高昂（更不用说殉道了）的观点有些片面：那些成本高昂的东西绝不可能作为其他东西的副产品而进化，而且人类也没那么蠢。真正的问题是，因为大多数涉足这个领域的人，以及那些持有宗教属于适应不良的观点的人，都是认知科学家和心理学家，而不是进化生物学家，因此，我们可以说，他们对进化的理解受到了最大的挑战。他们只考虑到对个人而言的直接利益：我选择了自己的配偶，因为与他共同孕育后代而受益。

但是对于灵长类动物这样的社会物种，尤其是人类，情况并非总是如此。多层次的选择过程对我们来说尤其重要，因为我们解决生存和繁殖问题的诸多方法都是社会性的，而社会化的解决方法需要一个中间步骤——确保社群齐心协力。这不应该与群体选择（这是进化生物学家的雷区）相混淆，因为它假设的是群体利益是最重要的。然而，我们观察到个体的某些利益是通过群体层面的功能来实现的。而这是非常不同的事情，其影响直到最近才得到广泛重视。

宗教的起源

宗教的起源要追溯到灵长类的社会性，这就又把我们带回到了邓巴数。猴子和猿类生活在一个高度社会化的世界里，在这个世界里，集体利益是通过合作实现的。实际上，灵长类与其他物种不同的是，它们的群体中存在隐形的社会契约：个人必须放弃一些直接需求，以保障群体的利益。如果你对自己的需求要求太多，最终就会把其他人都赶走，从而失去这个群体所能提供的保护和资源。

所有这些社会契约系统面临的真正难题是“搭便车”行为——想要社会性的好处，又不承担社会责任。灵长类动物需要一种强有力的机制，来平衡个体在机会面前想要搭便车的本能倾向。猴子和猿通过社交性的梳理毛发来完成这一任务，这一活动创造了信任，而信任反过来又为联盟提供了基础。确切地说，关于梳毛如何运作的机制还不清楚，但是，正如之前看到的，我们所知道的就是，内啡肽是一种非常重要的成分。相互梳毛会促进内啡肽释放。内啡肽能让人感觉良好，并能立即激发个体参与到让群体团结起来的活动中。

然而，梳毛是一个一对一的活动，非常耗时。在人类进化史上的某个阶段，我们的祖先开始需要生活在群体之中，但由于这些群体太大，无法提供有效的人际关系网络。这样的大群体会特别容易受到搭便车者的蛀噬。所以，我们的祖先需要提出一种不同的群体结合方法。在过去，我曾经说“八卦”可以扮演这个角色，八卦是一种可以让个人在小群体里进行与梳毛有同样效果的活动，而不是一对一的。但是，人们的交谈缺乏能促进内啡肽释放的身体接触。

那么，什么可以弥补联结更大群体所需的内啡肽呢？尽管笑声和音乐可以填补这一空白，但宗教似乎在人类进化的后期起到了更为重要的作用。宗教似乎是除了社交性梳毛和内啡肽释放之外的第三种力量，促成了人类后期的社会功能进化。

但是，我们依然要强调：如果以上关于宗教起源的解释是正确的，那么宗教一开始应该是一个小规模现象。也许我们今天在萨满教中看到的那种迷幻舞蹈，也曾出现在早期宗教实践中。例如，南部非洲的昆申人（!Kung San）会通过使用音乐和重复的舞蹈动作来进行催眠，试图弥合社区内部人际关系的破裂。许多宗教都有诸如吟诵和斋戒这样的行为，它们会引发类似催眠的精神状态，即头脑中闪现灵光，进入另一个精神世界。一群人一起这样做的话，似乎会促进善意和爱意的迸发，让群体团结起来。显而易见，这种活动对我们的祖先来说是非常有益的，可以团结部落成员，阻止那些有搭便车行为的人，从而提高了个体生存和成功繁殖的概率。

众神从何处来

宗教不仅关于仪式，还包括一个重要的认知部分——神学。在我看来，宗教包括宗教仪式和神学的原因是，只有当所有人都在一起时，才会产生基于内啡肽的群体凝聚效应。这就是神学的切入之处：它提供了我们经常看到的“胡萝卜加大棒”。但是，为了思考其本质及与人类的关系，我们的祖先需要进化出远远超过其他任何物种的复杂的认知能力。这是宗教认知基础的一个方面，它使我们得以考察一个一直没有得到解答的问题：宗教最早是什么时候出现的？

我们的祖先不是一开始就拥有宗教，但许多宗教习俗似乎都有着非常古老的起源。那么，宗教是什么时候开始进化的呢？考古学家一直对这个问题很着迷。但是，只靠几块古老的陶器又如何认知宗教和宗教习俗呢？基于谨慎考虑，考古学家必须通过毫无争议的文物证据来界定宗教的出现，比如墓葬物品，这些证据至少明确地暗示了人们对来世的信仰。

虽然一直有人说最早的墓葬品可以追溯到 20 万年前的尼安德特

人的所有物，但这个证据其实是模棱两可的。尽管我们把陪葬品看作唯一能够证明宗教存在的有效证据，但墓葬方式出现在 25 000 年前。迄今为止发现的最古老的墓葬是葡萄牙的一个儿童墓穴，而最著名的则是在俄罗斯弗拉基米尔郊外的两个孩子的合葬墓，大约有 22 000 年的历史。葬礼暗示了一种复杂的神学，所以我们可以假设，在这之前的很长一段时间里存在着非常朴素的宗教信念。

正如我们前面看到的那样，一个物种可以达到的意向阶次似乎与额叶的体积呈线性关系。也许我们可以利用这种关系，来研究我们已经灭绝的祖先所能达到的意向水平：只要你有一个头骨化石，就可以测量出其大脑的整体容量。

然后我们将这些值标在同一张图表上，证据表明，早在 200 万年前，直立人就已经有了三阶意向性，或许这就可以使他们形成个人信仰。四阶意向性在大约 50 万年前出现在古人类身上。而在 20 万年前，解剖学意义上的现代人类进化出来之前，我们并没有看到多少五阶意向性出现的痕迹，这个时间点已经可以保证所有人类都具有这种共同特征，但对证明这种适应性的独特之处来说也是够晚的了。有趣的是，如果我们将社会化大脑的关系应用到原始人类的化石上，结果表明，这两个关键的时期（50 万年前和 20 万年前）正好对应着社会群体规模的激增，第二个关键节点则对应着现代人类群体规模从 120 人扩大到 150 人的一个迅速转变。

最后，我还有一个忠告。所有这些都不能证明宗教本身的真实性。它们只解释了为什么宗教在人类这一谱系中得以进化，且仅仅是在人类之中。为什么不是更早或更晚一些？为什么只对人类，而不是对其他物种展示自己？如果宗教中真的有什么特别之处，我觉得应该是一个奇怪的偶然。宗教应该出现的时间点，正是人类首次进化出能够支持宗教的认知能力，以及我们发现群体规模上限的时候，而这两种现象都是需要突破的。无论真假，宗教起到了一些作用，至少在社会规模较小的时候建立了紧密联系的社区。只有当宗教被国家接管且规模增大时，问题才会出现。宗教所能召唤的心理力量甚至能把完全理性的人变成顽固的暴徒。政治精英们正是试图利用这种心理机制，来征服其他社会成员。

宗教的产生促使我们服从社会规范，它利用仪式激发大脑内的内啡肽来达到这个目的。我们在歌唱和祈祷中释放的内啡肽，可以帮助我们应付微妙的日常人际交往，从而给我们一种至关重要的归属感，将所有传统的小规模社区融合在一起。然而宗教似乎只能在进入某一认知层面时才能发挥作用——这是我们相信自己在仪式中的所有行为的原因之一。在此之中，深刻的思想与简单的化学反应相结合，隐藏着人际关系的谜团。在这个方面，宗教只是进化的众多典型例子之一，从中我们可以看到进化如何利用和磨砺简单的过程，最终形成了人之所以为人的超复杂的认知和行为。

进化的确是一个奇迹，只有达尔文对进化过程的天才论述才能解释。

PART 7

社群的崩解

HOW MANY FRIENDS DOES ONE PERSON NEED?

HOW MANY FRIENDS DOES ONE PERSON NEED?

DUNBAR'S NUMBER AND OTHER EVOLUTIONARY QUIRKS

19

进化的伤痕

人类是长期进化的产物，携带着进化历史的伤疤。

- 现代人类中，只有一小部分人有一种特殊的变异——拥有了可以消化牛奶中的主要糖类乳糖的乳糖酶。

- 所有种族中，通常女人和婴儿都比成年男子的肤色更浅，包括非洲人。

- 人类的问题在于我们的脑容量过大。基于在其他哺乳动物身上发现的规律，像人类这样的脑容量，妊娠期应该长达 21 个月，而实际上只有 9 个月。

- 一切都只是历史的偶然，性别没有什么“天定”之道。

正如达尔文在《人类的由来及性选择》一书中说的那样，人类是长期进化的产物，携带着进化历史的伤疤。有一些伤疤出乎意料地发生在近代历史中，有些甚至就发生在距今几万年前，其中大多数都是促进全球现代人类进化的非洲移民引发的基因突变。但是，另外一些则历史悠久，可以回溯到现代人类更早的祖先。其中一个不可忽视的事实是：与其他灵长类动物不同，人类的婴儿出生时远远达不到成熟的程度——造成的结果之一就是母亲花费更多精力参与到孩子的抚养之中，这在其他哺乳动物中是非常罕见的。说到婴儿，我就想到了母乳——这也是哺乳动物为了哺育自己的孩子而拥有的特殊发明。

对牛奶的爱与恨

如果你像我一样，有一定的年纪，那么你一定会记得：当我们涌向操场做早操之前，总会因为一个小瓶子耽误宝贵的几分钟……不管你喜欢还是不喜欢，课间时段一定会有一瓶牛奶出现在你的课桌上——冬天它就像一小坨冰激凌，夏天则腻糊得像芝士一样。大多数人都会喝了它，有些人还很喜欢。但你意识到没有，但凡你在喝牛奶时有那么一点愉悦感，你就已经是非常幸运的少数人了。你知道吗，世界上大多数人喝牛奶可能会生病？

这不是因为他们的健康状况堪忧，而是因为可以喝牛奶的人都是异常的。在现代人类中，只有一小部分人有一种特殊的变异——体内有可以消化牛奶中的主要糖类乳糖的乳糖酶。当然，婴儿阶段每个人都能喝奶。但世界人口中大多数人的乳糖酶基因在断奶之后就消失了。在那以后，他们食用的奶和奶制品都无法被消化，而且，喝牛奶或者食用奶制品会让他们有不舒服的反应，甚至可能致命。

而这一事实，我们也是在第二次世界大战时期才知道的。牛奶在欧洲文化中的重要性一直是毋庸置疑的。毕竟，牛奶中富含蛋白质和能量，能为骨骼的生长提供大量的钙，对人体是很有益的。所以，当美国政府想要改善贫困人口的健康状况时，有些人就给出了答案：喝牛奶啊，越多越好。但让人感到意外的是，这给黑人社区带来了反作用。一些孩子开始腹泻，体重越来越轻。不过万幸的是，没有很多人因此丧命——如果这种善意的健康干预的时间更长，可能会带来更加严重的后果。

因为对此感到困惑，科学家们开始了解其中的缘由。最后我们得知：只有白人，尤其是北欧人具有消化新鲜牛奶的能力，另外就是撒哈拉南部边缘的一些牧民了。而世界上的其他人，基本都像躲避瘟疫一样躲避牛奶，最多能吃一些精加工的奶制品，比如酸奶、奶酪，或者在必须食用前先进行高温烹煮。

这也是为什么给饥荒中的非洲人寄送奶粉并不是什么明智的举措。在这种情况下，大量的牛奶只会让他们的身体状况变得更加糟糕。对那些在饥荒中生命垂危的孩子来说，牛奶会夺走他们的生命，带来更大的风险。

乳糖耐受只与一种基因变异有关——这并非一种什么基因新突变，只是一种消除了乳糖酶的机制错误，而这种错误通常发生在断奶期，所以我们只需要很小的基因变化。但是，这种基因变化本身是不够的，还需要文化上的转变——鼓励养殖乳品动物，鼓励饮用富含钙的牛奶。

肤色的奥秘

说到肤色，就要提到一个古老的话题：为什么居住在赤道的人拥有比高纬度的居民更深的肤色呢？我之前提到过，这和保护皮肤不受紫外线灼伤的进化机制有关。加州科学院的尼娜·雅布隆斯基（Nina Jablonski）和乔治·查普林（George Chaplin）最近的一项研究更好地解答了这个问题。

事实证明，这是因为在高纬度的地方，阳光会更弱。而人类的皮肤在对抗紫外线时可以生成维生素 D，这是人体合成维生素的唯一方法。在这一过程中，钙也有所帮助——如果能有更多的钙，就能在北方温和的阳光里帮助人体生成更多的维生素 D。浅色皮肤在这一过程中非常有帮助，因为阳光能穿透浅色皮肤，而在赤道附近，为了防止紫外线灼伤进化出的黑色皮肤就无法完成这一过程。

这或许可以解释为什么乳糖耐受的都是养奶牛、喝牛奶的人，比如居住在萨赫勒地带的富拉尼人，这个地区位于撒哈拉沙漠南端的不毛之地，一直以来都面临着饥荒的威胁。如果在艰难时期能有一种可再生的食物该多好啊！

北部高纬度地区的居民也会遇到赤道居民不会遇到的问题——它们更具有季节性。赤道地区全年都是生长旺季，有些连播作物全年都可以播种和收割。越往北走，气候就越有季节性，作物生长期非常短，一年里有很长时间都非常萧瑟且艰难。有牛奶喝的话，人们就不会为了撑过冬天而大肆屠杀牛群。家养牲畜变成了移动的储食柜。

北半球人口肤色77%的差异，以及南半球人口中67%的差异都和紫外线辐射水平有关。紫外线辐射是阳光中有损皮肤细胞的部分，正如肤色浅的人去沙滩前经常被警告的那样，紫外线辐射是皮肤癌的主要诱因。当你从赤道逐渐往北或者往南移动时，紫外线辐射水平就会逐渐降低，因为地球表面是弧形的，当太阳直射在赤道附近时，那里的太阳光线要穿透更多的空气物质才能到达南北极。因为太阳光会被空气吸收，当到达南北极附近时，地球表面的紫外线辐射就已经大幅减少了。

但是，紫外线辐射并非与纬度完全相关。一些中纬度的高海拔地区紫外线辐射也很强，比如西藏和南美的安第斯高原，因为那里的空气比较稀薄。同样的道理，当地的云可以过滤紫外线辐射。智利的阿塔卡马沙漠、美国西北部的荒漠和非洲好望角纬度相同，都具有较强的紫外线辐射，因为气候非常干燥，这些地区的居民就不如英国人那么幸运了，终日有云朵庇护。

雅布隆斯基和查普林认为，这些肤色差异的进化动力其实跟皮肤癌没什么关系，而更像是两种不同维生素之间的优势平衡。其中一方是阳光分解维生素B（叶酸）的程度。让肤色变黑的黑色素细胞（晒太阳浴的欧洲白人体内也有）能让皮肤免受阳光的伤害。与所有的灵长类动物一样，我们不能自己合成维生素B，而是通过食用合成维生素 B 的动物的肉来获得。因此，防止过度的阳光暴晒，可以让我们不用过度担心食物中的维生素 B 含量不足。

然而，与之相对是维生素 D，它对钙的吸收非常重要。基于皮肤细胞对阳光的反应，我们自身可以合成维生素 D。但是，当阳光很弱时，就像高纬度地区的情况那样，深色皮肤的人就无法生成足够的维生素 D。例如，非洲南部患有白化病的孩童就比肤色深的正常孩子需要更多的维生素 D。因此，浅色皮肤大多分布在北方人群中。南半球没有太多的大陆，所以南半球没有北半球高纬度地区的典型白色人种。但是南非南端的原住民布须曼人的肤色，相对于几百年前才到达南非的祖鲁人的深色皮肤来说也是较浅的，更像古铜色。

有一个惊人的事实是：所有种族中，通常女人和婴儿的肤色都比成年男子的更浅，包括非洲人。女人在怀孕和哺乳期对钙和维生素 D 会有特别强烈的需求，这是因为在传统社会中，女性成年后大量的时间都处于这两种状态。拥有更强的合成维生素 D 的能力，对女性来说是非常有好处的。

尽管这种解释非常简明有力，但我们还是有很多困惑：为什么北半球的肤色与纬度 / 紫外线辐射强度的相关性要比南半球更大一些？如果维生素的重要性是一个很清楚的事实，为什么这种相关性不是完全相同的？

事实上，这两个问题的答案都与历史和文化相关。生物学家和博物学家贾雷德·戴蒙德就指出，许多肤色“异常”的人群都拥有在近代历史中经历长途迁徙的祖先。因此，非洲班图人的深色皮肤表明他们的祖先来自赤道附近的西非，在几千年前才抵达南非。同样地，那些东南亚居民的浅色皮肤说明，他们的祖先是 2 000 年前从中国南方迁徙而来的。而这些国家的原住民则有着更深的肤色。

但有一个有趣的例外，就是因纽特人，他们的肤色比我们想象的北极人要深一些。对此的解释是，他们的食物依赖于海生哺乳动物，比如海豹和北极熊。这些动物的肝脏富含维生素 D，而肝脏又是因纽特人非常青睐的食物。维生素 D 的问题得到了解决，维生素 B 的问题就会被优先考虑，因此出现了较深的肤色——这就是因纽特人会有古铜色皮肤的原因。对我们大多数人来说，肤色表明了我们的近代祖先生活在哪里。即便如此，进化过程中的变异速度还是可能让我们瞠目结舌的。现代欧洲人的祖先从冰河世纪末期才开始占据欧洲北部，仅仅就在一万年前，而斯堪的纳维亚人的金发历史更短。

生育的艰辛

孩子总是可爱的，尤其是对宠溺他们的父母和爷爷奶奶来说，更是可爱得不得了。孩子之所以这么惹人喜爱，可能是因为人类的婴儿在出生时还未发育成熟。对所有哺乳动物的研究发现，妊娠期长短和大脑容量有关。看起来，大脑的成熟有它自己的节奏，如果你想拥有更大的大脑，你只能让大脑发育的时间更长一些。那些拥有大容量大脑的动物通常都有很长的妊娠期。事实上，孩子自己决定着他们是否准备好出生了——一种著名的生物理论就提出了“拥有决定权的婴儿”这一说法。

人类的问题就在于我们的脑容量。基于在其他哺乳动物身上发现的规律，像人类这样的脑容量，妊娠期应该长达 21 个月。但我们知道，女性怀孕周期只有 9 个月。原因非常简单。几百万年前，我们的祖先决定拥有更大的大脑，更棒的是他们决定直立行走。这使得我们进化出了独特的碗状骨盆，这与猴子和猿类的细长型骨盆不同。这种碗状骨盆能更好地平衡头部和躯干，尤其是当我们的大脑极大地扩容之后。现代人类拥有的碗状骨盆已经伴随我们 200 万年了，从人类的第一代成员智人开始，我们就能大步流星地行走了，也就是说能够长途跋涉，不停迁徙了。

进化中不可避免的问题在于，我们不可能获得完美的人体工程设计。我们获得了远途跋涉的能力，就必须有所牺牲，也就是我们的脊椎不够强壮。当然，进化的过程可以这样解决这个问题：用重物质铸造脊椎，让我们的脊椎降低，或是对脊椎大量施骨肥。但是这也势必会增加我们背负的重量，让我们的后背更加僵硬。而灵活的脊椎正是我们得以直立行走的重要特征（也是板球选手能跟保龄球一样快的原因），所以就像脊椎的定义那样，我们很多祖先在这个世界上通过叉刺动物，取食它们的肉得以生存。我们身上发生的正是一个典型的希思罗宾逊进化折中——两利相权取其重。而产生的结果就是留下了方便“行走”的较低的脊椎。

几百万年后，当我们祖先的后代决定大幅度扩大自己的脑容量时，他们遇到了一个问题：碗状骨盆大大缩小了产道。婴儿的大脑大小成了限制因素，结果就是……你懂的，这个问题多么惨不忍睹。

在这一点上，人类基本上没有什么选择。当然，我们可以出尔反尔，放弃进化出更大的大脑的想法——我的天，谁会需要高级版大脑？！但是如果这样的话，我们就不会有任何进化。这个时候，全球气候发生了剧烈变化，如果止步不前就意味着陷入更加艰难的生态之中，就像其他类人猿一样，在这个时候，它们的数量已经下降到濒临灭绝的地步。为了生存，我们不得不改变，适应新的生态纪元。大容量的大脑是这一次改变的关键，如果没有这一进化，其他变化都不可能发生。奇迹呼之欲出。

最终，我们的祖先想到了解决办法——大幅减少母亲怀孕的时间，从原本需要的 21 个月，减少到现在的 9 个月。但是，风险显而易见：

如果我们生下一个大脑只发育了一半的婴儿，那么婴儿会非常危险。因此，猴子和猿类的新生儿在出生几天后就活蹦乱跳了，而人类的孩子要整整一年才能达到这种程度。

与猴子和猿类的新生儿相比，人类的婴儿即使足月出生，也存在生命危险。这就是为什么他们在发育不成熟的状况下出生总是非常痛苦。在最近 10 年的研究中，我们发现发育不成熟的婴儿有着非常高的发育障碍比例，包括学业成绩较差，经常患病。当然，这不是说每个非足月出生的孩子都是如此，而是说这种风险发生的概率较高。

出生后的第一年中，正常的人类婴儿都需要无微不至的关爱。而这种无微不至的照顾对父母来说非常劳累，所以孩子们会通过各种可爱卖萌赢得关爱。而这种情况也会带来一系列全新的问题。其中之一就是，从妈妈的角度来看，这是赋予她丈夫的代价。但是如果这个孩子不是她丈夫的（我们只是假设一下），情况就会非常糟糕。这个时候，有两个选择：要么你要确保孩子长得像你的丈夫，部分或全部都像；要么你就让孩子看起来不像任何其他的爸爸。但是，如果孩子的爸爸不能保证永远是孩子的爸爸，那么第二个爸爸可能会有更好的选择。人类似乎就是如此。与成年人不一样，人类的新生儿看起来都长得差不多。实际上，所有的孩子生下来都是蓝眼睛，之后才变成棕色或者绿色。这就要让爸爸猜一猜，究竟谁是谁的孩子。

我们也不希望所有事情都要靠猜谜，现在我们来讨论一点心理学。下次看到一个襁褓中的婴儿时，你可以听听人们是怎么说的。加拿大麦克马斯特大学的马丁·戴利和桑德拉·威尔逊（Sandra Wilson）发现，只要孩子的父亲一出现，孩子的母亲以及外祖父母都会努力强调孩子长得多么像爸爸。“你看看，他的眼睛 / 鼻子 / 额头 / 下巴多像你啊……”而且，这种情况不止发生在加拿大和欧洲，墨西哥有研究也得出了同样的结论。但如果孩子脸上没有任何一点能看出血缘痕迹，那也不能说明什么。我们还是有很多方法可以劝慰孩子的爸爸，让他赶紧照顾孩子去。

性别的谜团

我必须承认，我对性别研究非常着迷。在生物进化中，没有比性别进化更加复杂的东西了。我说的不是性别进化出来的两性关系的复杂程度，而是生物学上的性别。我敢打赌，你会说性别就是 X 和 Y 染色体，至少这是你在生物学课堂上学到的。在某个层面上，你说得对：人类是一般的哺乳动物，我们的性别就是由从父亲那里遗传 X 和 Y 染色体，以及从母亲那里遗传 X 染色体配对而决定的。如果是 XX，那就是女孩；如果是 XY，那就是男孩。很简单，不是吗？好吧，这样说来确实如此。但是，即便只看人类，真相也远比这些复杂。性别染色体只占一部分，你可能是 XY 配对，但你不一定就是男孩。

事实上，只有当一系列的概率事件都正好在恰当的时候发生时，你才会是一个男孩，否则你会是个女孩，不管你体内有什么样的性别染色体。其中一个关键事件就是所谓的“男性竞赛”。从很早的时候开始，婴儿就有了自己的脂肪细胞类型，因此它们就需要特定的密度来使胎儿 XY 染色体产生变化，从默认的女性模式转换到男性模式。恰好的脂肪细胞密度会激发睾丸激素的释放，睾丸激素会让胎儿的大脑变成男性大脑，而这一变动会决定其他所有重要物质的转换。

实际上，性染色体是很容易混淆的。基因中会产生各种偶然的可能性——X0（一个 X 染色体和另一个没有携带任何性别信息的染色体）、XXY、XXYY、XXXYY、XYY 等各种组合。唯一一种不可能的组合是 Y0（没有 X 染色体）：Y 染色体很小，而且是没有什么功能的 DNA 中的很小一部分，它跟将默认的女性模式转换成男性模式的功能有关。但是，如果你一开始就没有默认的女性模式……呃，我担心就没戏了。大多数奇怪的染色体组合类型都跟严重的畸形和异常有关，所以它们造成的结果往往都痛苦不堪。不过万幸的是，大多数这种染色体都非常罕见。

如果你看看哺乳动物之外的动物，情况则更加奇异多彩。鸟类、蝴蝶和两栖动物都非常不同。在鸟类中，只有 XY 组合的性别才能产卵，XX 组合的鸟类则有着华美的羽毛，擅长歌唱，忙着捍卫自己的领土。为了避免混淆，鸟类研究者往往用 W 和 Z 染色体来取代 X 和 Y 染色体，但这也无法掩藏它们就是哺乳动物镜像的事实。这告诉我们：一切都只是历史的偶然，性别没有什么“天定”之道。

乌龟和鳄鱼的情况更是糟糕，它们的性别取决于孵卵巢穴里的温度。对鳄鱼来说，巢穴温度高就会孵出雄性，温度低就会孵出雌性。乌龟则正好相反。最有名的是蜜蜂，雌性具有两套染色体，而雄性只有一套（因为他们都是从未受精的卵子里孕育出来的）。在很多小的珊瑚鱼中，比如濑鱼，性别取决于群体环境。每一只鱼出生的时候都是雌性，如果群体中没有雄性，其中占据主导地位的雌性就会快速蜕变，奇迹般地变成雄性。在个体死亡的时候，群体中又会开始新一轮的循环，其中最强势的雌性会变成育种的雄性，这为“生命变革”赋予了另一种意义……

最为奇怪和诡异的是双性物种，那么变态中的变态当属裂缢属蠕虫了，这是一种生活在地中海的体长 10 厘米左右的不明蠕虫。所有的裂缢一开始都是片状的幼虫，在水里自由漂浮。那些正好撞到礁石或其他基质的幼虫会变成雌性，而那些在未找到寄所之前就被雌虫吃掉的幼虫就会变成这些雌虫的子宫，然后变成雄性。接下来，它们会和另外 20 只雄性一起生活在雌性的安全领域内。

性别太神奇了，这就是我要说的。

HOW MANY FRIENDS DOES ONE PERSON NEED?

DUNBAR'S NUMBER AND OTHER EVOLUTIONARY QUIRKS

20

谁扰乱了进化

生命，尤其是正在成长的生命，时刻面临着风险。

- 人类一直被情绪上的短视所迷惑，在技术已经能让欲望变成现实的世界里，我们经常需要非常强的自制力，才能抵抗物欲横流的诱惑。

- 建立更小、更封闭、更排外的社群能让人们更少感染没有自然免疫能力的疾病，这是一种进化策略。

- 性别比例失调会引发严重的社会问题，各国政府必须重视。改善这一问题，需要几代人的努力，甚至更长的时间。

医学界一直都在努力寻找这个问题的答案。数千年来，因为逃避生物必然（疾病、残疾和死亡）而不得，所以我们一直为其所困。随着医学越来越发达，似乎出现了各种奇迹。但是问题在于，这些奇迹通常只能满足我们的短期欲求，却无益于人类的长期发展。我们急于寻求解决眼前问题的方法，却忽略了一个事实：这样做或许会给人类的未来带来更大的麻烦。

人类好像从不长记性。20 世纪 50 年代，DDT 和青霉素仿佛当时的灵丹妙药：有了它们，我们好像可以治愈一切疾病，从疟疾到每年造成成千上万的孩子和成人丧命的感染。我们在赤道地区大肆使用 DDT，在自己和动物身上大肆使用青霉素。但是，自然选择很快就让这些东西失去了惊人的功效。就在几十年间，我们已经“成功”地培育出了抗 DDT 的蚊子、抗青霉素的病毒和耐甲氧西林金黄色葡萄球菌（MRSA），以及一系列恐怖的元素。试图干涉进化的想法是不理智的，尤其是当大多数医药行业的专业人员都没有真正理解达尔文进化论中自然选择的原理时。

疾病的暴发与干预

如果你隐隐觉得我们被大量更新、更麻烦的疾病列表淹没了，那么现在你可以确定了：事实正是如此！一项对 1940 年以来的 335 项新疾病暴发的研究发现，新疾病暴发的频率正在稳步加速。每 10 年间出现的新疾病的数量，都是 20 世纪 50 年代的 3~4 倍。大家比较熟悉的可能是耐甲氧西林金黄色葡萄球菌、各种各样的具有抗药性的细菌素、SARS、艾滋病毒、“超级细菌”，以及抗药性疟原虫虫株。鉴于疟疾是已知的大杀手之一（每年会有 5.15 亿人感染疟疾，100 万 ~ 200 万人因此丧命），未来只会更加糟糕。

大约 55% 的新疾病的致病原原本都是细菌，而之前被用于消除病毒和朊病毒（最有名的就是“疯牛病”）的细菌则比这些细菌还要多得多。其中很多都是旧病菌的抗药性变种，而非全新的类别……微生物惊人的进化速度给了我们触目惊心的警示：我们曾经多么狂妄而粗心地滥用了抗生素和其他药物，这简直是玩火自焚！

暴发的新疾病中，60% 都是由动物传染病的病原体引起的（我们从动物身上感染的），而且 70% 来自野生动物。著名的埃博拉病毒、艾滋病毒、SARS 和尼帕病毒（1999 年出现在马来西亚养猪场果蝠身上的一种病原体，造成了 105 人死亡）的病原体都跨越了物种的界限，从动物身上传染给了人类。

当然，这也不是什么新鲜事了。很多我们已经熟悉的疾病都源于几千年前我们祖先驯化的家禽走兽，或者是被啮齿类动物带进了家门。水痘、牛痘（以及它的近亲天花）、麻疹、狂犬病、沙拉热和出血热等都起源于史前时代，因为我们与这些病毒寄居的动物亲密接触而被感染。

众所周知，热带地区是大多数史前病菌的繁殖地带，也因此成为最不安全的居住地，除非碰巧有一个种族已经随着时间进化出免疫能力。对此，有一个著名的例子，就是西非班图语民族的镰刀型细胞贫血症。镰状细胞是一种隐形等位基因，可以抵抗疟疾的寄生虫，但是一旦从父母双方遗传了这种隐形等位基因，个体就会遭受极度的痛苦，无法挺过少年期。

赤道地区居民比高纬度地区居民具有更高的疾病病发率，一定程度上解释了语言分布的奇怪特征：相比高纬度地区，赤道附近的语言分布密度更高，而语言族群（讲同一种语言的人群）更小。一种解释是，这是一种文化进化策略，以此降低病原体集中的地区交叉感染的风险。语言差异能显著降低不同人群之间的接触频率，因此也降低了相互感染的风险。因此，建立更小、更封闭、更排外的社区能降低人们感染没有自然免疫能力的疾病的概率。事实证明，宗教也呈现出了类似的地理分布：新墨西哥大学的兰迪·桑希尔（Randy Thornhill）和他的同事们发现，生活在有较多寄生虫的地区（主要是热带地区）的居民比那些生活在寄生虫较少地区（主要是高纬度地区）的居民有更强的宗教倾向。

尽管很多疾病都源于热带，却常在亚热带地区大规模暴发。这似乎表明，人口密度是疾病暴发的最重要因素。这在一定程度上反映出欧亚大陆和北美地区经济较发达，也就聚集了更高密度的易感人群。当然，在赤道地区之外，语言社群也相应更大一些，因此促进了更多人之间的互相交流。

这些新疾病源于野生动物的比例之高，也说明当地野生动物多样性是这些疾病暴发的最佳预测因素，而这也和热带相关。我们注意到，大多数的野生动物多样性地区都分布在非洲、亚洲和中美洲的发展中国家，而这些国家对疾病监控的投入都尚不充分。这也向我们提出了一个问题：身处发达国家的人们是否能更加明智地运用他们的资源？因为一旦这些疾病从发展中国家扩散到发达国家，就会变得更加难以应付。所以，发达国家理应对发展中国家投入更多。

晨吐对胎儿是一种保护机制

如果你在怀孕早期晨吐过，那么告诉你这种情况大有人在或许能带给你些许安慰，80% 的妈妈都会在怀孕前 3 个月呕吐或厌食。而医护人员往往只看到了表面症状，开出了一些值得质疑的缓和药物——沙利度胺（酞胺哌啶酮）就是其中一种，这种药物在 20 世纪 60 年代缓解了很多人的痛苦：它确实治愈了晨吐，但没有人知道它可能造成的危害。在医护人员看来，晨吐只是孕期激素变化的负面作用，所以理所当然要解决这个问题。但是，进化通常不会进化出只有副作用的东西来。那么，在每个人的正常生活中，我们为什么要忍受这么痛苦的副作用?

事实上，晨吐是有好处的，至少对孩子而言是有好处的。在怀孕前 3 个月经历晨吐的孕妇自然流产的概率更低，而且更有可能生出更大、更漂亮的小孩。这种现象已经引起了进化生物学家的关注。有一种说法是，这是因为母亲和胎儿对于要吃什么产生了分歧和冲突。这种说法很简单。我们平时吃的很多东西都是有轻微毒性的，有时甚至是完全有毒的，但我们会因为它们好吃而无法抗拒，比如酒精、咖啡、辣椒和花椰菜等。其中很多食物大量食用会致癌，也有不少会致畸——如果在怀孕期间频繁摄入则会导致婴儿在发育中产生畸形。

成年人可以忍受这些毒性，是因为我们摄入的小计量毒物能在我们的大个头里被稀释消化。而胎儿都是很小的，哪怕通过母体摄入一点有毒物质都可能产生非常不好的影响。实际上，晨吐是胎儿在试图阻止怀孕的妈妈吃太多对他们不好的食物。

另一种解释认为，晨吐能使母亲摆脱消化食物时产生的易腐有害细菌。成年人通常可以消化一点点腐肉——它可能会导致肠胃不适甚至是腹泻，但是很快就能痊愈。同样地，对母亲来说微量的腐肉对胎儿来说就无法承受了。最明显的此类物品就是肉和乳制品。在最近发表的一项研究中，利物浦大学的克雷格·罗伯茨（Craig Roberts）和吉莉恩·佩珀（Gillian Pepper）在全球范围内研究了晨吐和当地典型饮食的关系。他们发现，晨吐的频率确实与刺激物（比如咖啡）和含有酒精的饮食有关系。但是，晨吐的频率与肉食、动物脂肪、牛奶、鸡蛋和海鲜的相关程度更高，而跟饮食中的谷物和豆类相关程度最低。

这表明，在晨吐的进化过程中，毁灭性感染的风险起到了主要作用。如果主要的问题就在于要避免被毒，那么晨吐和饮食中肉类和乳制品的关系就说得通了。毕竟，肉类和乳制品是所有食物中最有营养的，它们富含易于消化的营养成分。那么，为什么孕妇不想吃它们呢？答案就是，它们更容易被细菌感染，而它们携带的细菌甚至可能会引发流产。大多数的谷物就没有这个问题，你的饮食中谷类越多，这种风险就越小。

而反对这种毒性假说的，有一种非常有趣的现实证据：饮食中使用香料的频率越高，晨吐的概率就越低——这是多么令人惊讶，因为大家都知道香料是致癌物质。但是，每一个去过远东地区的旅行者都知道，一盘热乎乎的咖喱就能干掉食物中所有的细菌。看起来，香料似乎对你是有益的。它们甚至能触发内啡肽的分泌，而这反过来又可以“调动”人体的免疫系统，从而让人们能够更好地抵抗疾病。

如果你想怀孕，那么减少饮食中的肉制品和乳制品可能是最好的方式。古老的苏格兰人用来治愈一切的粥，就是非常不错的选择！或许你可以考虑加入一滴辣椒油让它变得更棒！

怀孕这个话题让我想起，如果还有什么事情比死亡更值得忧虑的话，那一定是不能生孩子。人类花在生育治疗上的时间、精力和金钱比任何事情都要多，除了香水和香氛。在2006年的夏天，得益于医学的奇迹，帕蒂·法兰特（Patti Farrant）在62岁的高龄下诞下了她的儿子，成为无比骄傲的母亲，成为英国最年迈的母亲。但是，除了在绝经后借由体外受精怀孕外，帕蒂向我们提出了一个更加根本的问题，而不仅仅是老人会不会是好母亲。

所有人都是进化的产物，进化的过程不可避免地嵌入了关于我们的动机和情绪的复杂系统之中，而这些系统是为进化的主要功能服务的——确保我们能最大限度地为下一代贡献基因。因为进化的过程并不知道长期的后果，所以它们只能通过能调整进化时间表的情绪来达到为进化利益服务的目标。

出于这个原因，我们一直被情绪上的短视所困扰。在技术已经能让欲望变成现实的世界里，我们经常需要非常强的自制力，才能抵抗各类欲望的诱惑。日常生活中的例子有，我们总是想要暴饮暴食，尤其想吃高糖、高热量的食物；总是乐于享受物质带来的片刻欢愉，而无视它们带来的无法逃避的危害；总是喜欢通过冒险（不管是性方面的还是生理极限）去享受短暂的巅峰体验；还会过度捕捞或乱砍滥伐，尽管我们都承认这种行为一定会在未来招致人类的毁灭。

所有诱惑中，最难抵御的和我们的孩子有关。在进化历程中，父母变得无比关注自己的孩子。我们必须如此，否则孩子就无法生存，因为他们生下来时的发育成熟程度远远低于猿类和猴子。正如每一个父母都知道的那样，问题在于对孩子的关注并未止于断奶。父母对孩子的关注和投资似乎是始终持续的，没有停止的那一天。

我们常常会忘记，成功的养育并非只意味着让孩子存活下来。人类是社会化的动物，有进化观点认为：让孩子能够更好地在成人世界生活，比养活他们更为重要。这就意味着孩子在青少年时期，要接受大量的社会化训练，更不用说成年初期的经济支持，以及为他们提供良好的社交机会、婚姻伴侣甚至是职业便利。可能一开始，孩子会认为父母是无所不能的；接下来，他们就要开始交朋友，建立人际关系；最后他们会和爱人举办一个奢华美好的婚礼（或许一些人从小就天真地期望着如此）。而这之后，孙辈诞生了，这一循环又要重新开始了。说实话，前40年是最艰难的。

时至今日，医学奇迹已经能让从前无法存活的新生儿存活下来。父母和医生都对孩子投入了关爱，因为一些显而易见的原因，一种“可以做到，应该如此”的文化也开始盛行。但这对每个人来说，真的一直都是最好的吗？在孩子降生的激动时刻，我们只能看到父母殷切而激动的心情，医生也沉浸在战胜概率的喜悦之中。我们不断打破限制，但是这样做的后果却被忽略了。最严重的问题在于，除了发育不成熟之外，早产儿还会遇到更多问题——出生后的几十年里，他们要面对更高的残疾可能性，以及由此带来的连圣人都难以负荷的家庭负担。当“圣人”父母的耐心消耗完后，在巨大压力下濒临崩溃时，他们的离婚率也远高于平均水平，此时，残疾儿童遭受身体和精神虐待甚至死亡的可能性只会更大。

生命，尤其是正在成长的生命，总是面临着风险。在这个领域中的人们只要有一丝希望就要拼命争取，是不是一种道德正确？而由欲望的绝望激发的医学进步真的对我们最有利吗？根据进化带来的教训，在通常情况下，答案都是一个响亮的“不”字。

性别失衡问题的严重危害

一项研究表明，美国大陆的离婚率和强奸案的发生率呈现强相关：离婚男性人数显著多于再婚女性的人数，因此高离婚率会产生大量的单身男性，由此就会产生一大批过度沮丧的男性。如果你需要进一步了解“好女人”对文明有多重要，我可以告诉你：是否在释放后拥有稳定的伴侣关系，是影响英国年轻罪犯们再犯率的一个重要指标。坦率来说，没有女性的男性是非常危险的。

不要觉得这是什么新闻，也不要将其全部归咎于现代社会的诱惑。在600年前，葡萄牙贵族就面临过这个问题。14世纪末期，葡萄牙贵族从可分割世袭制（所有孩子都继承一份等量的家族财产）转为了长子继承制（最大的儿子继承所有的财产），主要原因就是已经没有新土地可以占领了。如果无法获得新领地，可分割的继承制就会导致几代人的贫穷。与削弱家族的经济实力相比，地主家族更倾向于将一切投资给一个儿子。

但在经过几代人之后，问题开始显现，越来越多年轻的贵族公子感到不满，他们因为缺乏足够的资源而失去了吸引力，无法娶到新娘（而严格的社会规则又禁止他们娶“低”阶层的姑娘）。上流社会愤怒的年轻人开始寻衅滋事。到最后，国王不得不对此事进行干预。他们倾向于鼓励这些少壮派出海寻找财富——时值哥伦布、达·伽马和麦哲伦的航行时代。在这一过程中，他们促成了欧洲史上伟大的探索时代。当时，葡萄牙贵族的殡葬记录上常常这样写道：最年长的儿子在位于葡萄牙的家宅中逝世。但在15世纪和16世纪之交，年轻的儿子们多葬身于非洲或者离故土更远的他乡。

如果人类始终忠于自己的生物性，从长远来看，情况可能会变好。达尔文的进化论告诉我们的基本原则之一就是，我们通常会重视更加稀少的性别——这就是为什么长久之后，性别比例会趋于50：50。而失衡的性别比例肯定会在某个时候被掰回来，因为父母终究会转向偏爱更少的那种性别。

HOW MANY FRIENDS DOES ONE PERSON NEED?

DUNBAR'S NUMBER AND OTHER EVOLUTIONARY QUIRKS

21

最后的最后

没有免费的午餐，生物界尤其如此。

- 物种的变化是通过某些遗传世系的逐渐衰败而实现的，从而让物种基因构成微妙而稳定地补益那些更加成功的世系。

- 在进化历史上，发生过五次物种大灭绝。最近一次物种大灭绝发生在 6 500 万年前，导致恐龙从地球上消失。目前，全球大约有 11 000 种动植物被列为濒危物种，其中多达一半的物种将在下个世纪灭绝。

- 语言的灭绝就同动植物消失一样，我们正在目睹语种的急速减少。语言同生物物种有着相同的生物地理学和进化上的特性。小语种灭绝会给人类造成不可挽回的损失。

物种的变化是通过某些遗传谱系的逐渐衰败实现的，从而让物种基因构成微妙而稳定地补益那些更加成功的谱系。尽管在大多数情况下，这一过程相当缓慢，但如果多个谱系的快速繁殖不足以抵消异常高的死亡率，那么整个物种就会灭绝。在整个历史长河中，此类物种灭绝一直在不断地发生：在人类 600 万年的进化史中，我们自己的谱系中已有很多这类事情发生。然而，有时环境条件的变化也会导致物种突然快速灭绝。

第六次物种大灭绝

6 500 万年前，一颗巨大的小行星撞到了墨西哥的一个角落，那里是尤卡坦半岛。由此产生的火球，加上蒸发到大气中的数以百万吨计的汽化岩石，带来了一个核冬天（nuclear winter），使地球的面貌发生了永久性改变。当这个星球慢慢从灾难中恢复的时候，我们发现，在过去 2.5 亿年间统治地球的恐龙正在迅速消失。地球上的霸主被一个矮小且不起眼的动物群体取代了，它们就是以前在森林地面偷偷爬行的哺乳动物。

这次世界动物群的“大换血”是地球 5 亿年历史上第五次大规模的灭绝。大多数物种的灭绝似乎发生在 6 500 万年前，虽然它们灭绝的原因似乎有所不同，但通常都会导致当时活着的 70%~80% 的动物突然消失。

如此说来，如果我们发现自己正处于又一波物种灭绝的边缘也不必惊讶。尽管只有一小部分动物确实在历史中彻底绝迹，但也有很多因此而闻名，如毛里求斯的渡渡鸟和新西兰的巨型恐鸟（giant moas），而来自冈比亚的、名字奇怪的沃尔德伦小姐红色疣猴，以及巨大的马达加斯加狐猴（有些跟雌性大猩猩一样大）也提醒了我们：即便是灵长类动物也不能幸免。

实际灭绝的动物数据给人留下了错误的印象。目前，大约有 11 000 种动植物被列为濒临灭绝的危险物种。最新的估计是，多达一半的现存物种可能会在下个世纪灭绝。可悲的是，这次的原因不是来自外太空的流星，也不是来自地球内部的火山喷发，借用盖尔语来说，是“我们”（sinn féin）。

在过去的一个世纪里，我们一直在以极快的速度砍伐世界上的森林，一些非洲国家现在的森林覆盖率只有原来的5%~10%，这个星球的森林以每10年8%左右的速度在减少。我们不需要什么艰深的科学知识就知道这意味着什么：这样下去，用不了一个世纪，我们就能毁掉剩下的所有森林。

隐藏在这些数字下面的悲剧，是离我们最近的近亲猿类的未来。如果你还想在野外看到红毛猩猩，你最好现在就订飞机票。在苏门答腊岛和婆罗洲，因为森林砍伐率以及由此导致的红毛猩猩数量的减少，截止到2015年就不再有野生红毛猩猩了。而2005年圣诞次日的海啸也没能帮上什么忙，遭受了重创的苏门答腊岛北部的亚齐半岛，也是野生红毛猩猩的大本营之一。在海啸发生之前，仅在1993至2000年间，该半岛的红毛猩猩数量就减少了45%。

对红毛猩猩的非洲近亲们来说，它们的前途也好不到哪里去。在六七百万年前，我们与大猩猩和黑猩猩拥有一个共同的祖先，它们的寿命却比亚洲近亲们长几十年。在非洲中部和西部城市，森林砍伐和狩猎的致命组合培育出了贪婪的“丛林肉食”市场，这两个因素将导致大多数野生动物存活于地球上的年限只有未来20~50年。

究其根源，就是因为过去2 000年来人类人口的急剧膨胀。在耶稣诞生的时候，全世界的人口总数约为2亿人（比现在的美国人口还少）；今天，我们有总数超过 76 亿的人，而且每年都有大约 400 万的新生儿诞生——每 3 秒钟就有一个婴儿出生。大多数人都生活在极度贫困之中，他们无法承受为节约而担忧的奢侈烦恼。他们必须在树林和生存之间选择一个：砍掉树林，对他们而言意味着拥有收入、燃料、食物和住房。

就像在看汽车坠毁的慢镜头一样，我们站在旁边眼睁睁看着一场无法避免也很难理解的灾难，更不用说做任何事情了。不管有没有《京都议定书》，我们都必须减少人们对硬木的贪婪需求和对新耕地的需求。在全球范围内，18 世纪晚期和 19 世纪早期，正是同样的生存危机引发了苏格兰高地和岛屿的大移民和大清除。在 19 世纪，迁出的移民尚可以在其他地方开始新的生活。而在今天，我们却不再拥有这样的奢侈选项。

还记得那三位贤士和他们带来的第一个圣诞节礼物吗？黄金、乳香和没药（一种中药）。看起来，如果不是 2 000 多年前，他们偶然到了当地市场，在去伯利恒的路上买了一些东西，那么现在出现在小学圣诞剧舞台上的三个扮演流浪汉的孩子带的东西大概会非常不同。我们忙着割那种有着黏稠汁液的树，汁液干了之后，我们就叫它“乳香”。这一现象比几位智者和学校圣诞剧的意义更大。乳香一直是香水行业的核心原料之一，更为传统的用法是将其用作更为传统的熏香。乳香的产量正在下降，这种汁液变得越来越难得到。

乳香是由生长在撒哈拉南部边缘干旱地带的一种小而不起眼的树种所产生的。和许多热带树木一样，当乳香属被割伤或损坏时，它会流出一种黏稠的汁液。树液有助于保护树木免受细菌和真菌感染以及昆虫啃咬的伤害。然而，乳香属的汁液也有一些不同寻常的特性，能使人把它与大多数其他树种区分开来。它的汁液晒干后会散发出一种芬芳的味道，因而备受青睐。人们发现这一点后，就开始大肆砍树皮来获得汁液。树皮被破坏几周后，渗出的汁液就会被收集起来。这个循环会不断重复。

中世纪时，法国十字军大概是第一个把乳香从圣地带回欧洲的，因此它又叫法国香。在中东，乳香作为一种仪式和家庭熏香以及传统的草药，已经被使用了几千年。在整个树的自然生长期内，香氛一直是主要产业，在非洲和阿拉伯半岛尤其如此，或许自从人类会使用火后，就在焚烧这些香氛了。

我们都知道，现实生活中没有免费的午餐，在生物界更是如此。树液的产生对树木来说是一种非常有益的能力，因为它可以保护受损的部分，从而帮助恢复和再生。但是分泌树液对树木来说并不是一件轻松的事情。为了做到这一点，树木必须在接下来的季节里剥夺繁殖所需的能量和资源。树液、果实和花朵都含有大量的碳水化合物，因此，如果树木被迫将其有限的碳水化合物储存在树液中，那么当繁殖季节来临的时候，它们就没有多少碳水化合物可供给花朵和果实了。如果是旱季收割，这种成本会变得尤其高——树木必须利用储存的碳水化合物来生产树液，因为它们无法在休眠期通过自然过程产生新的碳水化合物。

荷兰瓦赫宁恩大学的图恩·赖克斯（Toon Rijkers）和他的同事，以及来自厄立特里亚的阿斯马拉大学的研究者们，研究了非洲之角乳香树的繁殖。他们发现，乳香树如果被攫取得越多（在最密集的收获季节，整个旱季里每棵树每隔三个星期就要被重新割一次），在接下来的雨季里，它们的花和果实就会越少。

赖克斯和他的同事们还发现，那些被反复割口的乳香树所产种子的重量，要远远小于那些较少被割的树木所产的种子。更重要的是，前者种子的发芽率也要低得多。在实验测试中，被反复收割的树木的种子中，只有不到40%能培育出有活力的幼苗，相比之下，十多年没有收割的树木存活率有90%左右。

简而言之，对乳香的需求一直在吞噬着树木，直至它们死亡。由于无法正确播种，它们无法进行自我的新陈代谢，因为自然死亡已经对成年树木造成了伤害。然而，所有的损失其实都可以避免：赖克斯表示，如果人们能收割得更加细心，让树木可以不时地休息，它们就能恢复得很好。

就像所有可持续的收获计划一样，经济和日常生存的压力始终笼罩着人们。对贫困国家徘徊在生存边缘的人们来说，过度开发自然资源是一种无法抵挡的诱惑。大多数人所面临的问题都是如何度过眼前的日子：未来自有出路。如果破坏乳香树这样的自然资源能让你在今天生存下来，那就比你边欣赏健康的树木边挨饿要好。这种人类的自然本能是核心问题，在我们的生活达到一个合理的标准之前，地球将一直与寻求生存的力量做斗争。

如果有一张冰河时代人类的典型图片，那一定是有6个肌肉发达的史前穴居人在围攻一头愤怒的猛犸象，他们正试图把它刺死。背景中，总是有一群怪物在无忧无虑地穿越苔原。或许过去真的就是这样，但令人感到悲哀的现实是，这些独特的北半球的大象家族成员（它们在北美和欧亚大陆都出现过）却最终全部灭绝了。要知道，在3 700年前，猛犸象仍然生活在北极圈内西伯利亚的弗兰格尔岛上，这实在让人无法想象。

对于猛犸象灭绝的经典解释是，这是由冰河时代末期人类入侵北方苔原后过度捕杀造成的，这一解释有时也被称为“更新世过度杀戮论”。主要的证据是，包括猛犸象在内的许多大型动物，都在大约1.6万年前第一批印第安人到达美洲之后不久就从北美消失了。但最近的一个说法是：气候变暖使得这些笨拙的猛兽无法找到足够的食物。对于这种发生在过去的事情，我们很难在不同的解释之间做出抉择。但是，由于现代计算机的奇迹，真相可能终将大白于天下。通过更好的气候模型拟合，我们能够重现过去的气候状况，更好地去理解生物保护学的数学机理。

马德里国家科学博物馆的戴维·诺格斯–布拉沃（David Nogues-Bravo）和他的同事们利用强大的新气候模型追溯了过去 13 万年里的气候，并重建了猛犸象所在的整个欧洲和亚洲大陆的气候。他们用这些来确定所有已知的猛犸象栖居地的气候条件。研究结果表明，在距今 12.7 万年前到 4.2 万年前这段时间，适合猛犸象生长的气候让它们的活动范围逐步增大，紧随其后的是一个长期的气候稳定期，猛犸象的地理范围也扩展到中国南方，甚至到了现代的伊朗和阿富汗。但在 2.6 万年前，气候迅速变暖，到了 6 000 年前，猛犸象被局限在了西伯利亚的北极圈边缘和中亚几个孤立的地方。

适合猛犸象栖息的地域显著缩小，不可避免地带来了猛犸象种群数量的急剧减少。在这个时候，人类登上了历史舞台。自从 7 万年前走出非洲第一次遇到猛犸象开始，现代人类就一直在猎杀猛犸象。诺格斯–布拉沃和他的同事们使用生物保护学的数学模型估计了猛犸象在不同猎杀方式和人口密度下对猎杀压力的敏感度。在猛犸象数量最多的时期，即距今 4 万 ~2 万年前，人类捕猎者每人每 18 个月杀死一头猛犸象，就足以使猛犸象种群灭绝。但在 6 000 年前，这一阶段的后期，当猛犸象的数量处于最低谷的时候，每人每 200 年杀死一头猛犸象的速度都足以消灭这个物种。很显然，即使是极低频率的捕猎也足以使猛犸象濒临灭绝。

我们从考古学的证据中得知，人类对猛犸象的狩猎率其实很高，因为在距今 2 万年到 1.5 万年前居住在乌克兰的早期人类，已经大量地使用猛犸象骨头来建造房子了。在某些情况下，骨头被用来压住帐篷的边缘。在现在乌克兰的梅日里奇，有 4 个以墙和屋顶组成的小屋，都是用猛犸象的腿骨、下颚、头盖骨和许多獠牙堆起来的。据估计，这 4 个小屋用了多达 95 头猛犸象的骨头。

这一切带给我们的教训是，尽管猛犸象在数量丰富的时候可以承受人类的狩猎压力，但一旦气候变化导致它们的数量急剧下降，这种承受力就会突然改变。在那个时候，即使是非常小的狩猎压力也足以使它们濒临灭绝。这对现在的人类来说仍然是一个教训，随着气候变暖进一步加剧，越来越多的稀有物种将面临灭绝的威胁。

小语种的消失危机

语言的灭绝就跟动物和植物一样，我们也正在目睹语言灭绝的主要时期。尽管目前世界上有将近 7 000 种语言，但至少有 550 种语言的使用者不到 100 人，这些人中大多数都是老年人，由此可以断定，这些语言必将在未来的 10 年或 20 年内消失。也许在接下来的一个世纪里，剩下语言中的一半也将会灭绝。其中一个可能就是盖尔语，这是自从西部海岸被爱尔兰的盖尔人殖民后，至少 1 000 年里苏格兰高地和岛屿上人们使用的语言。

英国只有约 6 万人还是双语使用者（加拿大以盖尔语为母语的人更多，许多苏格兰人在 19 世纪移民到了那里），盖尔语已经位列危急清单上了：在如今的日常使用环境下，过不了几代人，盖尔语就会和拉丁语、梵语、皮克特语（罗马人到英国来之前的高地语言）和恐龙一样，被人类永远遗忘。

简而言之，答案是肯定的，原因有几个。第一个原因是我们可以从人类的语言中了解很多语言进化的历史和人类迁徙的历史。一些比较晦涩的语言能告诉我们更多的信息，特别是当我们将语言和它的使用者的基因进行对比时，就可以知道他们的迁徙信息。这两者并不总是对应的，因为语言有时是贸易或征服的结果。

欧洲语言的历史就可以提供战争征服的例证。斯拉夫族系的伦巴第人和日耳曼的法兰克人，分别在罗马帝国崩溃时入侵了意大利北部和法国，他们放弃了本国的语言，转而支持当地更为高级的意大利语和法语，尽管那些被入侵者并不欢迎他们。相比之下，阿提拉和他的匈奴人显然给他们的东道主留下了更深刻的印记，尽管这些东道主有着坚实的中欧血统和基因，他们却羞耻地使用了新霸主的蒙古语言，因此产生了现代的匈牙利语。英国人也许是幸运的，他们同时保持了原来的盎格鲁－撒克逊语系（日耳曼语），以及征服者威廉和他的朋友在 1066 年带来的法语（拉丁罗马语系后裔）——这就是为什么英语有如此丰富的词汇量，因为它同时拥有撒克逊词汇（通常是短小直白的）和法语词汇（通常是长而华丽的），所以我们可以使用它们来创造纷繁而微妙的词义。

语言也是民间知识的宝库，其中一些在医学方面意义非凡，阿司匹林和奎宁就是来自南美印第安人的典型例子。在我们还未领悟语言中的智慧珍宝时就失去它，会让我们失去最珍贵的东西。例如，最近的实验表明，老奶奶一直坚持把熬鸡汤作为普通小病的一种治疗方法。结果发现，鸡汤确实富含生物化学活性成分，能够很好地对抗病毒和其他感染。如果老奶奶的语言随着她一起死去，祖先们费尽周折才发现的偏方可能就永远消失了。

语言也为我们提供了了解其他文化的特殊窗口。在这方面，苏格兰盖尔语提供了一个不同寻常的例子。从 18 世纪伟大的诗人邓肯·班·麦金太尔和罗布·唐到 20 世纪的索利·麦克林，盖尔语中繁盛的诗歌传统和一天工作后地火炉旁的同乐会（ceilidh）一样，让人们的心灵受到了极大的抚慰。这是一个伟大的口头文学传统，如今却只存在于雷鸟乐队（Capercaillie）和拉令乐队（Runrig）这样的组织中。在文化方面，更值得注意的是我在第 7 章提到的赫布里底群岛的歌曲。没有任何一种其他文化孕育过这样独特的女性劳作歌曲，它们有着非凡的节奏、诗意的和声，以及幽默感和社群的联结感。这些歌曲伴随着盖尔语的吟唱，标志着西方岛屿上的文化繁荣。如果盖尔语灭绝了，这一切都将消失。

语言与生物物种有着许多相同的生物地理学和进化上的特性。像动物物种一样，更为丰富的语言有着更小的地理分布范围，而且它在赤道附近的密度要高于高纬度地区。其中的一个原因可能是，在高纬度地区，栖息地更具有季节性且更难以预料，因此需要更大的交换网络来缓冲作物歉收的影响。结果之一就是形成了竞争形态的生态环境。

一个地区使用通用语言的压力（特别是在政治力量的推动下）将不可避免地导致小语种的消亡。小语种只能在它可以自给自足的地方生存。对语言和生物物种来说，如果人类想阻止它们的消亡，就必须采取补救行动。

人口急剧膨胀的诅咒

地球生命面临的最大威胁是气候变化。因此，2005 年的蒙特利尔气候变暖峰会上，全世界都释放出了让人欣慰的信号，至少包括美国在内的众多国家都承诺要认真对待气候变暖，并思考如何采取措施降低负面影响。那时人们的注意力可能集中在几个月前的一系列重大灾难上——印度洋海啸、克什米尔地震和卡特里娜飓风。在常见的重大灾难中，只有火山爆发在那段时间没有发生。

说到自然灾害，2005 年的情况确实比一般的年份更糟糕：大约有 40 万人死于自然灾害，大约是平均年死亡人数的 5 倍。但我们还是要清醒地认识到，世界上每年有超过 100 万人死于道路交通事故，大约 800 万儿童死于可预防的儿童疾病。

从更大的范围来看，地球历史上气候的剧烈变化并不算罕见。很多人都知道，在冰河时代，欧洲北部大部分地区都被冰层覆盖。事实上，这些时代大约以 6 000 年为一个周期，与更温和的气候条件相互交替，而我们现在正处于一个气候温和的时期。最后一个冰河时代是在一万年前戏剧性的“新仙女木事件”（Younger Dryas）中结束的，当时地球的平均气温在短短 50 年里就惊人地上升了 7℃。当被冻结的极地冰盖融化，海平面上升了 90 多米。

但如果你想了解现在的气候到底有多不寻常，你不妨后退一步以观全局。对海贝中不同碳同位素的相对数量的测量表明，在 6 500 万年前（也就是可怜的恐龙不幸灭绝的时候）和大约 4 000 万年前，地球的平均温度大约是 30℃，是当前的 2 倍。欧洲和北美地区覆盖着热带森林，最早期那些像狐猴一样的灵长类动物就在这些森林中奔跑，而河马则在位于如今伦敦、巴黎和柏林中心的潮湿沼泽中游荡。在更大的历史维度上，目前的温度其实是很不寻常的。

这样看来，无论我们的工业和农业活动是否导致了目前气候变暖的影响，我们都应该记住，地球气候本身就是不稳定的。真正的问题是如何应对这些变化。乐观主义者希望依靠科学发展。无论如何，他们都会说：科学会让我们走出这场混乱。

近两个世纪前，托马斯·马尔萨斯（Thomas Malthus）指出，世界正走向灾难，因为农业生产力无法与人口增长速度保持同步。达尔文在写《物种起源》时深受马尔萨斯的影响，这使他对自然选择如何发生提出了深刻的见解。但并不是每个人都像达尔文一样相信马尔萨斯。许多人对此持怀疑态度，他们认为，新兴科学将有助于解决我们面临的粮食生产问题。

事实证明，怀疑主义者是正确的，因为科学为我们赢得了时间。农场里的大量活动让我们拥有了阿伯丁·安格斯牛、白腰带加洛韦牛、黑面羊以及改良的犁和播种技术。这使我们在每公顷土地上的产出远远超乎我们中世纪祖先的想象，并且最终告别了高地农场和中世纪的旧式农耕系统。

但是现在和那时存在一个令人担忧的差别。农业革命依靠的是古老的技术，每个农民都能直观理解。当今科学的发展依赖于更复杂的知识。令人担忧的是，在过去的大部分时间里，每十年的新发明数量一直在下降，这并不令人感到惊讶：每一个新发明都变得更加困难，因为它依赖于更复杂的技术和更深入的知识。对我来说，前沿知识越来越难了，也变得越来越奢侈了。

但也许我们真正面临的问题是马尔萨斯的咒语仍在我们的头顶徘徊。他并没有错：科学仅仅是给了我们时间。最终，我们使用的矿物燃料并非越来越多，也没有肆意地倾倒更多的废物和残渣，但我们每年都有越来越多的人要做这些事情。例如，人们有时会认为传统的狩猎采集社会是（而且大体上仍然是）自然资源保护主义的。但现有证据并不支持这种说法。传统社会看似环保的原因很简单，就是无论他们对环境施以何种暴虐，他们的人数都不足以在一个地方对环境造成严重的破坏。城市的崛起带给人们很多需要解决的问题，我们最好能更快地学好这一课。我们确实需要让世界人口的增长势头急速反转。

CHEERS

本书阅读资料包

给你便捷、高效、全面的阅读体验

本书参考资料

湛庐独家策划

- ✔ 参考文献
  为了环保、节约纸张，部分图书的参考文献以电子版方式提供
- ✔ 主题书单
  编辑精心推荐的延伸阅读书单，助你开启主题式阅读
- ✔ 图片资料
  提供部分图片的高清彩色原版大图，方便保存和分享

相关阅读服务

终身学习者必备

- ✔ 电子书
  便捷、高效，方便检索，易于携带，随时更新
- ✔ 有声书
  保护视力，随时随地，有温度、有情感地听本书
- ✔ 精读班
  2~4周，最懂这本书的人带你读完、读懂、读透这本好书
- ✔ 课　程
  课程权威专家给你开书单，带你快速浏览一个领域的知识概貌
- ✔ 讲　书
  30分钟，大咖给你讲本书，让你挑书不费劲

湛庐编辑为你独家呈现
助你更好获得书里和书外的思想和智慧，请扫码查收！

（阅读资料包的内容因书而异，最终以湛庐阅读App页面为准）

湛庐阅读 App

思想者的声音图书馆

倡导亲自阅读

不逐高效，提倡大家亲自阅读，通过独立思考领悟一本书的妙趣，把思想变为己有。

阅读体验一站满足

不只是提供纸质书、电子书、有声书，更为读者打造了满足泛读、通读、精读需求的全方位阅读服务产品 —— 讲书、课程、精读班等。

以阅读之名汇聪明人之力

第一类是作者，他们是思想的发源地；第二类是译者、专家、推荐人和教练，他们是思想的代言人和诠释者；第三类是读者和学习者，他们对阅读和学习有着持久的热情和源源不绝的内驱力。

CHEERS

以一本书为核心

遇见书里书外，更大的世界

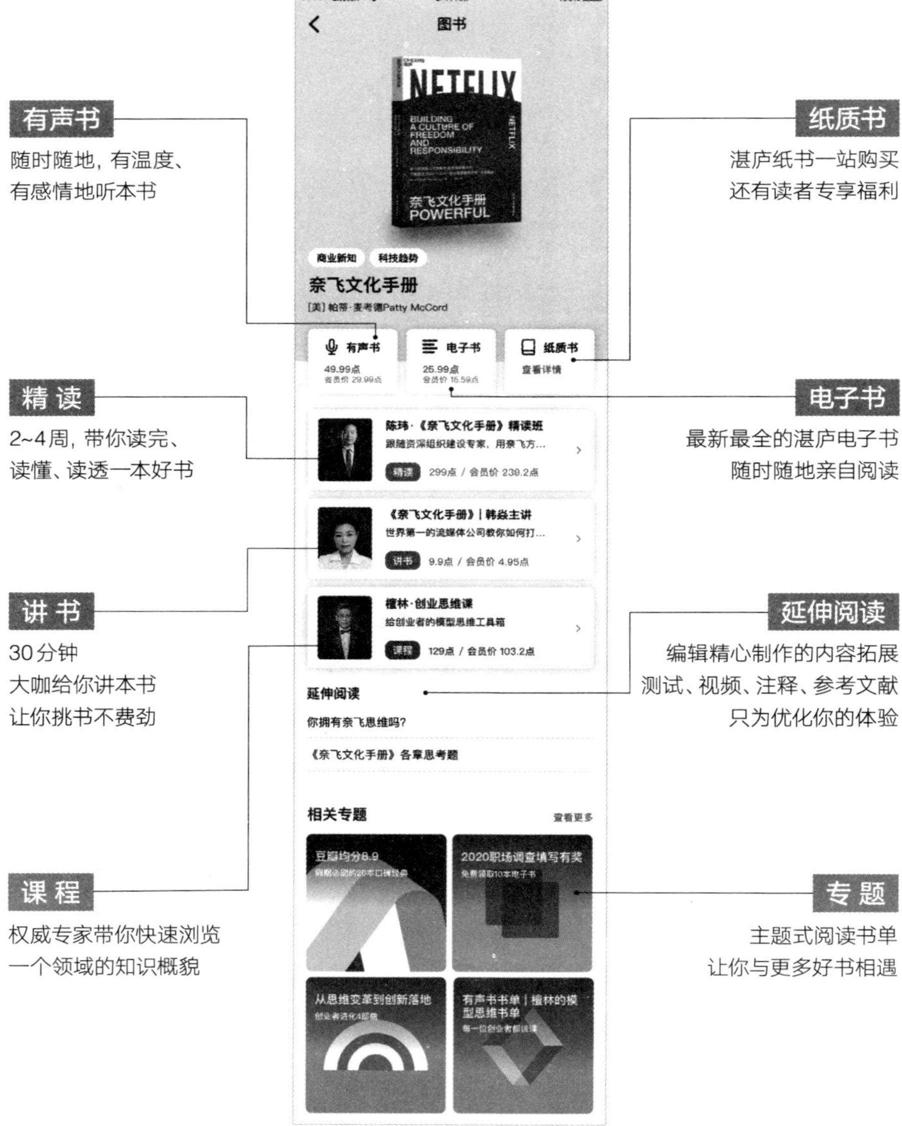

图书在版编目（CIP）数据

社群的进化 /（英）罗宾·邓巴著；李慧中译. —
成都：四川人民出版社，2019.6（2024.1重印）
ISBN 978-7-220-11348-2

Ⅰ. ①社… Ⅱ. ①罗… ②李… Ⅲ. ①社会团体—研
究 Ⅳ. ①C912.22

中国版本图书馆CIP数据核字（2019）第065770号
著作权合同登记号
图字：21-2018-631

上架指导：社会科学 / 社群研究

SHEQUN DE JINHUA
社群的进化
［英］罗宾·邓巴 著　李慧中 译

责任编辑：周晓琴
版式设计：张志浩
封面设计：ablackcover.com

四川人民出版社
（成都三色路238号）
石家庄继文印刷有限公司印刷　新华书店经销
字数 222 千字　开本 710 毫米 × 965 毫米　1/16　印张 22.75　插页 1
2019 年 6 月第 1 版　2024 年1月第 4 次印刷
ISBN　978-7-220-11348-2
定价：79.90 元